BESTACTIVITYBOOKS.COM

Copyright © 2022 LINGUAS CLASSICS

Todos los derechos están reservados. Ninguna parte de este libro puede ser reproducida o utilizada de ninguna manera sin el permiso escrito del titular de los derechos de autor, excepto para el uso de citas en una reseña de libros.

PRIMERA EDICIÓN - 2022

Ilustración Gráfica Extra: www.freepik.com
Gracias a Alekksall, Starline, Pch.vector, Rawpixel.com, Vectorpocket, Dgim-studio, Upklyak, Macrovector, Stockgiu, Pikisuperstar & Freepik.com Designers

Descubra Juegos Gratis Online

Disponibles Aquí:

BestActivityBooks.com/FREEGAMES

5 CONSEJOS PARA EMPEZAR

1) CÓMO RESOLVER LAS SOPA DE LETRAS

Los rompecabezas tienen un formato clásico:

- Las palabras se ocultan sin espacios ni guiones,...
- Orientación: Las palabras pueden escribirse hacia delante, hacia atrás, hacia arriba, hacia abajo o en diagonal (pueden estar invertidas).
- Las palabras pueden superponerse o cruzarse.

2) APRENDIZAJE ACTIVO

Junto a cada palabra hay un espacio para anotar la traducción. Para fomentar un aprendizaje activo, un **DICCIONARIO** al final de esta edición te permitirá comprobar y ampliar tus conocimientos. Busca y anota las traducciones, encuéntralas en el puzzle y añádelas a tu vocabulario!

3) MARCAR LAS PALABRAS

Puedes inventar tu propio sistema de marcado. ¿Quizás ya usas uno? También puedes, por ejemplo, marcar las palabras difíciles de encontrar con una cruz, las que te gustan con una estrella, las nuevas con un triángulo, las raras con un diamante, etc.

4) ESTRUCTURAR EL APRENDIZAJE

Esta edición ofrece un **CUADERNO DE NOTAS** muy práctico al final del libro. En vacaciones, de viaje o en casa, podrás organizar fácilmente tus nuevos conocimientos sin necesidad de un segundo cuaderno!

5) ¿HABÉIS TERMINADO TODAS LAS PARRILLAS?

En las últimas páginas de este libro, en la sección **DESAFÍO FINAL**, encontrarás un juego gratis!

¡Rápido y sencillo! Echa un vistazo a nuestra colección de libros de actividades para tu próximo momento de diversión y aprendizaje, ¡a sólo un clic de distancia!

Encuentre su próximo reto en:

BestActivityBooks.com/MiProximoLibro

En sus marcas, listos, ¡Ya!

¿Sabías que hay unas 7.000 lenguas diferentes en el mundo? Las palabras son preciosas.

Nos encantan los idiomas y hemos trabajado duro para crear libros de la más alta calidad para tí. ¿Nuestros ingredientes?

Una selección de temas adecuados para el aprendizaje, tres buenas porciones de entretenimiento, y luego añadimos una cucharada de palabras difíciles y una pizca de palabras raras. Los servimos con cariño y máxima diversión para que puedas resolver los mejores juegos de palabras y te diviertas aprendiendo!

Tu opinión es esencial. Puedes participar activamente en el éxito de este libro dejándonos un comentario. Nos encantaría saber qué es lo que más le ha gustado de esta edición.

Aquí hay un enlace rápido a tu página de pedidos:

BestBooksActivity.com/Opiniones50

Gracias por tu ayuda y diviértete!

Todo el equipo

1 - Agua

```
G N H K J Y W O Z S Z P I V
O E P Ö J I R E M A T L A V
Q N Y O Y K N E R D S H K H
D A V S O R M N W E N K A U
C K A O I B Y E O U J M N R
E K W J C R U N K R H M A R
U A N Ä Ä J H I Y K J O V I
K P W R I P T M S W D N A K
H O Y V C U G U U H F S V A
I T S I K A S T E L U U L A
U L I T D S T H T J R U U N
S A P A E C I I S W W N T I
A A M J M A A A O O J I K D
L U M I I A C H K J O K I Q
```

KANAVA
SUIHKU
HAIHTUMINEN
GEYSIR
PAKKANEN
JÄÄN
KOSTEUS
HURRIKAANI
KOSTEA
TULVA

JÄRVI
SADE
MONSUUNI
LUMI
VALTAMERI
AALTO
KASTELU
JOKI
HÖYRY

2 - Arqueología

```
A T U N T E M A T O N N J T
F S T U T K I J A Y I V Ä E
O J I R O S S E F O R P L M
S Ä S A A J K B L N R A K P
S Ä Y B N K Z P P G L N E P
I N Y B I T K E J B O W L E
I N L N K A U F T D S L Ä L
L E A E I B S N G H I U I I
I G N A I R E E T S Y M N N
A L A T T E R T O I F V E D
E S V U N S H L I C J O N S
W A S A A Z Y N U I M A F A
U N O H D E T T U U M N K W
A I K A K A U S I J T I I P
```

ANALYYSI

ANTIIKIN

JÄLKELÄINEN

TUNTEMATON

TIIMI

AIKAKAUSI

ASIANTUNTIJA

FOSSIILI

LUUT

TUTKIJA

MYSTEERI

OBJEKTI

UNOHDETTU

PROFESSORI

JÄÄNNE

TEMPPELI

HAUTA

3 - Granja #2

```
R  N  I  H  N  I  I  T  T  Y  L  U  C  E
G  U  N  I  E  G  K  S  H  G  A  G  G  L
H  I  O  Q  U  D  S  I  G  R  T  K  A  Ä
T  E  G  K  Z  H  E  I  S  B  O  I  H  I
V  P  D  T  A  J  V  L  A  Z  B  I  P  M
E  B  B  E  S  M  M  G  M  G  V  E  V  E
O  L  M  U  L  F  J  L  M  Ä  Z  R  S  T
V  E  H  N  Ä  M  T  R  A  K  T  O  R  I
M  A  I  S  S  I  Ä  U  L  E  T  S  A  K
Q  S  C  Z  N  O  O  T  I  A  M  G  A  V
V  I  H  A  N  N  E  S  A  U  I  J  N  R
F  W  K  A  R  I  T  S  A  R  H  O  K  Y
V  I  L  J  E  L  I  J  Ä  L  H  H  K  J
P  A  I  M  E  N  L  A  A  M  A  A  A  A
```

VILJELIJÄ	MAISSI
ELÄIMET	LAMMAS
OHRA	PAIMEN
RUOKA	ANKKA
KARITSA	NIITTY
HEDELMÄ	KASTELU
LATO	TRAKTORI
HEDELMÄTARHA	VEHNÄ
MAITO	VIHANNES
LAAMA	

4 - Mueble

```
P  Z  B  T  O  H  R  E  V  V  C  K  L  T
P  A  N  B  U  P  P  M  A  L  F  U  I  Q
E  S  T  R  M  O  I  N  R  M  A  T  T  O
I  O  Y  J  J  C  L  G  I  I  R  Y  B  H
L  H  N  R  A  K  Q  I  I  B  E  L  U  P
I  V  Y  K  N  Ä  S  L  P  Q  W  L  A  K
P  A  Y  P  T  I  A  O  P  M  Y  Y  B  A
B  E  T  Q  O  C  R  U  U  R  F  H  G  R
J  M  N  E  T  Q  M  T  M  T  Y  Y  N  Y
E  T  J  K  B  Q  O  A  A  U  C  D  N  V
U  M  B  O  K  J  I  J  T  I  O  D  L  S
J  Y  F  L  N  I  R  O  T  Z  N  E  Q  D
N  L  W  A  W  C  E  N  O  T  U  F  N  P
T  Y  Ö  P  Ö  Y  T  Ä  M  I  V  V  L  R
```

MATTO	PEILI
TYYNY	HYLLYT
ARMOIRE	FUTON
PENKKI	RIIPPUMATTO
SÄNKY	LAMPPU
TYYNYT	TUOLI
PATJA	NOJATUOLI
VERHOT	SOHVA
TYÖPÖYTÄ	

5 - Pesca

```
D  K  O  J  G  P  N  B  H  K  O  S  N  C
L  T  E  E  T  T  I  A  L  A  V  H  W  N
C  E  N  E  L  L  E  J  G  U  E  C  T  M
H  H  U  E  V  Ä  T  K  O  S  R  A  B  E
F  G  I  K  O  J  V  U  T  I  D  W  Y  T
O  I  T  Z  A  N  Ä  I  M  O  R  F  S  H
E  D  T  A  T  Q  K  R  P  K  I  R  O  K
M  O  Ö  F  N  W  O  E  V  A  V  A  E  P
W  M  Y  P  A  V  U  M  P  I  E  Y  N  P
E  L  S  V  R  E  K  A  B  K  L  S  B  D
J  Å  M  A  B  S  K  T  B  K  S  O  N  R
V  T  V  C  M  I  U  L  O  O  E  Z  E  C
Q  V  E  N  E  L  K  A  B  K  V  K  I  D
L  R  Q  B  K  T  Z  V  P  A  I  N  O  J
```

VESI	KOUKKU
EVÄT	JÄRVI
VENE	LEUKA
GJELLENE	VALTAMERI
SYÖTTI	TÅLMODIGHET
KORI	PAINO
KOKKI	RANTA
LAITTEET	JOKI
OVERDRIVELSE	KAUSI

6 - Aviones

```
W  G  N  I  M  R  O  F  T  U  S  N  I  P
H  G  E  Q  C  R  L  O  W  E  E  I  L  O
I  A  N  K  O  R  K  E  U  S  I  C  M  L
T  L  I  A  C  Q  J  Q  D  Z  K  W  A  T
T  M  M  J  V  R  C  P  G  Y  K  R  I  T
O  O  A  A  D  I  O  G  I  V  A  N  N  O
L  O  T  T  P  F  W  B  I  T  I  I  E  A
I  T  N  S  L  A  I  L  M  A  L  R  N  I
P  T  E  U  T  A  L  A  T  N  U  U  S  N
H  O  K  K  A  M  S  L  V  M  M  K  H  E
H  R  A  T  I  A  P  K  O  H  Y  T  E  V
W  I  R  A  V  N  Q  A  U  K  C  O  J  O
C  L  Z  M  A  M  E  D  K  O  U  P  L  Q
B  M  M  G  S  M  I  E  H  I  S  T  Ö  O
```

ILMA	UTFORMING
KORKEUS	ILMAPALLO
LASKU	POTKURI
ILMAINEN	VETY
SEIKKAILU	MOOTTORI
TAIVAS	NAVIGOIDA
POLTTOAINE	MATKUSTAJA
RAKENTAMINEN	PILOTTI
SUUNTA	MIEHISTÖ

7 - Tipos de Cabello

```
O  S  P  W  J  Q  J  J  Y  K  R  R  K  R
K  V  A  A  L  E  A  D  A  U  U  P  I  A
T  I  P  A  K  S  U  U  Y  I  S  E  H  A
T  Y  H  Y  L  E  G  H  C  V  K  H  A  V
F  N  F  A  T  S  U  M  O  A  E  M  R  E
Y  E  R  F  R  K  I  N  K  P  A  E  A  L
Ä  H  N  J  L  A  Y  Z  O  A  E  Ä  T  I
K  I  I  L  T  Ä  V  Ä  G  U  L  A  V  O
T  T  E  R  V  E  P  U  N  O  S  J  V  T
I  O  H  U  T  R  S  O  P  L  T  R  U  L
P  P  U  N  O  T  T  U  H  A  R  M  A  A
V  A  L  K  O  I  N  E  N  I  N  R  R  A
G  C  C  Z  Y  L  S  K  M  V  B  V  F  P
Z  H  V  I  L  K  F  J  B  K  U  D  E  J
```

VALKOINEN	AALTOILEVA
KIILTÄVÄ	HOPEA
KALJU	KIHARA
LYHYT	KIHARAT
OHUT	VAALEA
HARMAA	TERVE
PAKSU	KUIVA
PITKÄ	PEHMEÄ
RUSKEA	PUNOTTU
MUSTA	PUNOS

8 - Ciencia Ficción

```
R  R  F  K  A  U  K  A  I  N  E  N  R  T
R  E  O  A  G  A  L  A  K  S  I  A  V  P
O  K  A  B  N  I  L  L  U  U  S  I  O  K
M  I  V  L  O  T  B  P  D  H  K  G  M  P
A  R  U  U  I  T  A  I  H  P  H  O  A  L
A  J  K  T  R  S  T  S  K  U  O  L  A  A
N  A  O  O  A  U  T  I  T  G  Q  O  I  N
E  T  L  P  A  Q  V  I  E  I  H  N  L  E
J  C  E  I  N  F  E  S  N  A  N  K  M  E
A  Z  V  A  E  W  N  S  S  E  C  E  A  T
J  I  L  E  K  K  A  A  R  O  N  T  N  T
K  N  G  V  S  R  Ä  J  Ä  H  D  Y  S  A
Ä  Ä  R  I  M  M  Ä  I  N  E  N  E  C  N
A  N  T  A  A  P  O  T  K  U  T  A  D  E
```

ELOKUVA	KIRJAT
KAUKAINEN	MAAILMA
SKENAARIO	ROMAANEJA
RÄJÄHDYS	ORAAKKELI
ÄÄRIMMÄINEN	PLANEETTA
FANTASTINEN	REALISTINEN
ANTAA POTKUT	ROBOTTI
GALAKSI	TEKNOLOGIA
ILLUUSIO	UTOPIA

9 - Circo

```
B E V T N B A L L O N G E R
W L P I H O I K K I I S U M
U Ä U I R H R U C I Y T D J
P I K K L U U S N W O N B L
P M U E A E K K U P P I L S
M E J R Q Z I K A T S O J A
E T Y I K P A J E C D D S O
T I C A I S T T O Z L R I N
A E P A R A A T I N L A U E
A S L A K R O B A T A P R K
Ä Ä T T Y D H I I V K I Q E
Q O H S T W C Q Y R I N P T
G S O Y J A O A S G A A F O
J O N G L Ö Ö R I D T B Y I
```

AKROBAT	LEIJONA
ELÄIMET	TAIKA
LIPPU	TAIKURI
TELTTA	JONGLÖÖRI
PARAATI	APINA
NORSU	MUSIIKKI
VIIHDYTTÄÄ	TIIKERI
KATSOJA	PUKU
BALLONGER	TEMPPU

10 - Granja #1

```
H  O  D  O  Y  D  S  C  M  N  S  Q  Q  F
K  U  H  N  H  Z  Ä  M  H  E  L  T  U  J
O  J  N  D  B  F  K  E  E  L  V  T  I  D
I  F  E  A  L  A  K  K  I  S  A  V  L  W
R  D  A  F  J  I  B  G  N  S  L  Q  A  M
A  T  I  A  H  A  N  S  Ä  I  A  H  N  E
R  I  I  S  I  E  H  K  B  R  A  A  N  H
G  O  A  S  U  C  V  B  P  A  M  N  O  I
Q  C  P  I  P  I  H  O  U  V  W  A  I  L
B  M  O  K  F  Ä  T  T  N  E  K  K  T  Ä
M  A  A  T  A  L  O  U  S  E  N  L  E  I
S  I  E  M  E  N  E  T  A  Y  N  R  R  N
I  Z  J  S  V  E  S  I  C  D  L  C  D  E
B  A  D  H  O  V  N  N  F  U  B  Q  V  N
```

MEHILÄINEN	KISSA
MAATALOUS	HEINÄ
VESI	HUNAJA
RIISI	KOIRA
AASI	KANA
HEVONEN	SIEMENET
VUOHI	VASIKKA
KENTTÄ	MAA
VARIS	LEHMÄ
LANNOITE	AITA

11 - Camping

```
M O T T A M U P P I I R I V
C E A G N T Ö Q U T T A H U
I O T N O U L K J E M P H O
W S T S C P V N K M L S G R
B T R R Ä A J Y B I Y E H I
O I A E B S P G K Ä H I K D
F F K E B W T L I L T K A N
N U U K V D D Y D E Y K N Q
Z V U M E T S Ä S E A A O I
K O M P A S S I F L Z I O E
A N T A A P O T K U T L T U
L A I T T E E T E K W U T T
H Y Ö N T E I N E N R G I T
K Ö Y S I P J Ä R V I S F E
```

ELÄIMET	ANTAA POTKUT
SEIKKAILU	RIIPPUMATTO
PUU	HYÖNTEINEN
METSÄ	JÄRVI
KOMPASSI	LYHTY
MÖKKI	KUU
KANOOTTI	KARTTA
METSÄSTYS	VUORI
KÖYSI	LUONTO
LAITTEET	HATTU

12 - Fruta

```
K L K F M K H W M Z M R P S
D I U P U U O T H H A Y Ä I
F N I U B Y B K N N P Ä T
A A S V M Z G F O Q G Ä R R
N A O I I U T L S S O L Y U
A N O A V O K A D O N E N U
N A K N H A M E C Q Z Ø Ä N
A B I E P E R S I K K A T A
S U R M G U A V A S O W T T
T T P O N E K T A R I I N I
O R A N S S I U F H V Z H A
W R Q V A D E L M A J R A M
I J I O Q M M E L O N I S W
S K I O R A K I R S I K K A
```

AVOKADO	MANGO
APRIKOOSI	OMENA
MARJA	PERSIKKA
KIRSIKKA	MELONI
LUUMU	ORANSSI
KOKOSNØTT	NEKTARIINI
VADELMA	PÄÄRYNÄ
GUAVA	ANANAS
KIIVI	BANAANI
SITRUUNA	RYPÄLE

13 - Geología

```
T D T I T I I M G A L A T S
K A M L K I L L A R O K W E
V V S A P V P S L A F W N T
A A H A O I M U U O N B U I
R L K R N K Q O O D U O U T
T G E E U K N L L V F P S C
S E R N O Y O A A K P P T A
I Y R I L I I S S O F A K L
Z S O M H W S M F M Y H Y A
I I S G B K O F I R K D A T
T R H E F B O U D J A G P S
A W Q F S C R K A L S I U M
Q I Q A H W E V O L C A N O
C U C F A K C R Y S T A L E
```

HAPPO
KALSIUM
KERROS
LUOLA
MAANOSA
KORALLI
CRYSTAL
KVARTSI
EROOSIO
STALACTITE

STALAGMIITIT
FOSSIILI
GEYSIR
LAVA
TASANKO
MINERAALI
KIVI
SUOLA
VOLCANO

14 - Álgebra

```
F  V  J  A  P  E  K  J  R  M  C  Ä  O  U
O  D  H  Ä  A  L  R  P  A  A  L  Ä  N  M
Z  Q  L  R  R  Y  Y  O  T  T  J  R  G  U
Q  P  F  Ä  E  Ä  H  R  K  R  P  E  E  R
K  E  K  Ä  N  J  Ä  E  A  I  J  T  L  A
Y  A  U  V  T  I  E  M  I  I  K  Ö  M  T
P  H  A  N  E  K  N  U  S  S  A  N  A  K
T  Z  T  V  S  E  V  N  T  I  A  N  O  A
J  A  E  Ä  A  T  Z  I  A  S  V  O  J  I
D  I  R  B  L  C  S  U  H  B  I  L  A  S
F  T  M  H  C  Ö  A  M  L  N  O  L  K  U
E  K  S  P  O  N  E  N  T  T  I  A  O  W
V  Ä  H  E  N  N  Y  S  A  Y  Z  O  M  M
L  I  N  E  A  A  R  I  N  E  N  M  E  I
```

MÄÄRÄ	ÄÄRETÖN
NOLLA	LINEAARINEN
KAAVIO	MATRIISI
JAKO	NUMERO
YHTÄLÖ	PARENTES
EKSPONENTTI	ONGELMA
TEKIJÄ	RATKAISTA
VÄÄRÄ	VÄHENNYS
KAAVA	RATKAISU
JAE	

15 - Plantas

```
K P C C A P M G Y Q V Y R L
B A U P A P U B M A B M F A
O K S U Z G A U V M S A Z N
N K N V S G H J N U E R D N
G U I V I W R E T L O J K O
L K Q Y R S A P T L E A W I
Y V G J U E T A T D S H O T
Y W O Z U D U O H O U R T E
W K V W J M U R A T T I W I
S A M M A L P H E A K V G B
T E R Ä L E H T I T A V B S
L E H T I E N E A Z K L C F
M E T S Ä P U S K A F S D Q
K A S V I T I E D E S G G R
```

PUSKA
PUU
BAMBU
MARJA
METSÄ
KASVITIEDE
KAKTUS
LANNOITE
KUKKA
KASVISTO

LEHTIEN
PAPU
MURATTI
RUOHO
PUUN LEHTI
PUUTARHA
SAMMAL
TERÄLEHTI
JUURI

16 - Suministros de Arte

```
M M U S T E V S R I F L Z L
T A M R E C Ä Q G P Y C T U
I B A M I J R B I Ö F E H O
R J V L H M I L Y Y R K A V
K Y N Ä I O S E R T A K R U
K O G Y K T E S P Ä J A J U
A L Y A A K V L F T Z T A S
M J P P Y Y H E K U M I T N
E I S A Ö L J Y F D G O P E
R M A O P S V G K F V E M P
A N V Y K E E L F T N D E U
N T I L L E R A V K A I O P
H U A N C K K I L O U T H D
O P A V B K C G L I I M A K
```

ÖLJY	LUOVUUS
AKRYYLI	IDEOITA
AKVARELLIT	KYNÄ
VESI	PÖYTÄ
SAVI	PAPERI
PYYHEKUMI	LIIMA
KAMERA	MAALIT
HARJAT	TUOLI
VÄRI	MUSTE

17 - Negocio

```
J A T T U U L A V T K M Y T
E L U A K L P M W Y A Y H Y
R E I R L D Y Y N Ö U Y T Ö
S N N O A T H Y T N P M I N
U N Y K C T K N A A P Ä Ö T
N U E M T T J T V N A L N E
N S A D H E T I A T S Ä N K
A U V T S J V H R A O H I I
T O I M I S T O A J T R V J
S L U G Y D S G R A L N E Ä
U A V K S U T I O J I S W V
K T T Y Ö B R A H O I T U S
D M H J D Y Z E P N V K B B
Q I R A H A O A T V O O V T
```

URA	VEROT
KUSTANNUS	SIJOITUS
ALENNUS	TAVARA
RAHA	VALUUTTA
TALOUS	TOIMISTO
TYÖNTEKIJÄ	BUDSJETT
TYÖNANTAJA	MYYMÄLÄ
YHTIÖ	TYÖ
TEHDAS	KAUPPA
RAHOITUS	MYYNTI

18 - Jardín

```
S S E R G U K T E L M N A K
S D K I S S A R E T A U U U
T F A I V P E I R Z A R T I
R Y R P G J M J U A P M O S
A W F P R U O H O I E I T T
M T O U S N K W Y S R K A I
P P I M R E L G G D Ä K L U
O U T A T U L A M P I O L E
L U H T P U S K A Q M W I Q
I T M T R J Y V U K U K K A
I A N O L A P I O E O N H Z
N R P U U O G K Z B B Q H Z
I H L G U A I J P E N K K I
Q A H R A T Ä M L E D E H F
```

PUSKA
PUU
PENKKI
NURMIKKO
LAMPI
KUKKA
AUTOTALLI
RIIPPUMATTO
RUOHO
HEDELMÄTARHA

PUUTARHA
UGRESS
LETKU
LAPIO
KUISTI
RAKE
MAAPERÄ
TERASSI
TRAMPOLIINI
AITA

19 - Países #2

```
R I Y T A K I A M A J L U S
W F R A L M E K S I K O W L
H U J N B O N V D L W H Z U
S V G S A I P O I T E L Z K
A U D K N A T S I K A P U R
U W D A I L A G U T R O P A
S E K A A J L J A P A N I I
T Ä J Ä N E V A I R Y S N
R K R E I K K A O I U I H A
A U G A N D A Z P S D D V K
L I R L A N T I P L Y B K S
I R S G E I T Ä V A L T A N
A I N D O N E S I A Z M A A
U N L U G T Y F P Z O S D R
```

ALBANIA	JAPANI
AUSTRALIA	LAOS
ITÄVALTA	MEKSIKO
TANSKA	PAKISTAN
ETIOPIA	PORTUGALI
RANSKA	VENÄJÄ
KREIKKA	SYYRIA
INDONESIA	SUDAN
IRLANTI	UKRAINA
JAMAIKA	UGANDA

20 - Tecnología

```
T T I E D O S T O F O R S Y
M I G O L B V N V H T P Z K
J R L I C F I Ä I T S E I V
T O L A K W R Y R I I N Y E
O S I R S C U T T N M O H J
T R V E R T S T U T L K U J
U U N M Y M O Ö A E E O V Q
T K T A M Q F T A R J T O Q
K Y I K D M O N L N H E Q U
I L E I Q H N O I E O I V O
M H D T C B T O N T L T F Y
U A O Y T R T Y E T A V U A
S Y T Y U C I Y N I A L E S
T U R V A L L I S U U S O S
```

TIEDOSTO	TUTKIMUS
BLOGI	VIESTI
TAVUA	SELAIN
KAMERA	TIETOKONE
KURSORI	NÄYTTÖ
TIEDOT	TURVALLISUUS
TILASTOT	OHJELMISTO
FONTTI	VIRTUAALINEN
INTERNET	VIRUS

21 - Números

```
V K N S D K A H D E K S A N
I A E E E U V W T Z Y C H H
I K L I S M E T Z Y A N V Q
S S J T I F L N A R J L P T
I I Ä S M Y F O R T B S C Z
T T T E A W K Z K B H T V O
O O O M A N Ä S K E D H Y N
I I I Ä L H O G I N W F M E
S S S N I K Y M M E N E N L
T T T U S S M Y U D Z M F J
A A A S I B K K U U S I W Ä
U A K K I I T A M E T A M Q
O A A Z V I N I K N O L L A
K U U S I T O I S T A Q B R
```

NELJÄTOISTA	MATEMATIIKKA
NOLLA	YHDEKSÄN
VIISI	KAHDEKSAN
NELJÄ	VIISITOISTA
DESIMAALI	KUUSI
KUUSITOISTA	SEITSEMÄN
KYMMENEN	KOLME
KAKSITOISTA	YKSI
KAKSI	

22 - Física

```
K E L E K T R O N I S I M M
V A V A A K A R V L U K O E
V O A N O P E U S M U I O K
V I N S S B G P D V S I T A
C M A Z U S K N K V I H T N
B S S B Q V Y P S Ä L D O I
H I U K K A N E N T L Y R I
N T U L Y Y N O H S E T I K
V E J V E S D E T I E Y U K
S N A K Q B W I J E T S M A
J G A T O M I P N L H K A J
E A T K A A O S K Y U H S Z
A M I O V O N I A P S M S Y
M O L E K Y Y L I Y D L A Q
```

KIIHDYTYS	MASSA
ATOMI	MEKANIIKKA
KAAOS	MOLEKYYLI
TIHEYS	MOOTTORI
ELEKTRONI	YDIN
KAAVA	HIUKKANEN
TAAJUUS	SUHTEELLISUUS
KAASU	YLEISTÄ
PAINOVOIMA	NOPEUS
MAGNETISMI	

23 - Belleza

```
T  S  Y  T  Ä  H  E  I  V  Q  L  H  I  D
U  Y  T  Q  Ä  P  E  I  L  I  R  Ä  V  O
L  Y  Y  Y  E  E  L  E  G  A  N  S  S  I
E  K  Z  L  L  W  B  V  Z  E  A  L  B  W
V  C  O  U  I  I  R  Ä  V  I  S  P  I  R
L  Z  O  S  S  K  S  F  Z  Z  I  W  R  M
A  M  P  K  M  N  Ä  T  A  R  A  H  I  K
P  E  M  O  B  E  S  S  I  I  E  U  C  H
M  I  A  U  B  G  T  E  S  K  A  S  Q  L
G  K  H  T  M  O  Z  I  A  R  M  O  Ö  I
L  K  S  M  H  T  U  Q  I  I  H  O  L  E
H  I  K  L  N  O  S  I  E  K  I  H  J  L
M  C  F  P  N  F  B  S  M  A  K  A  Y  C
L  E  P  P  E  S  T  I  F  T  R  A  T  U
```

ÖLJYT	TUOKSU
SHAMPOO	ARMO
VÄRI	MEIKKI
KOSMETIIKKA	IHO
ELEGANSSI	LEPPESTIFT
TYYLIKÄS	KIHARAT
VIEHÄTYS	RIPSIVÄRI
PEILI	PALVELUT
STYLISTI	SILEÄ
FOTOGEN	SAKSET

24 - Países #1

```
O V T N S U U E P D H Y O H
F E A D A Y B I L Q O N P D
I N M Q K R O A G I N I H B
L E V K S T J J M T D C W M
I Z M F A M A N A P U A E A
P U P A J A E A I Y R R C L
P E I I R E P P G G A A U I
I L T L O O O S L E S G A K
I A A I N E K E E R J U D A
N Z L S M N R K B P W A O N
I H I A I T N I O O U O R A
T K A R N I H E R J H O E D
A Y C B U L N F J D R B L A
G H C G A N I I T N E G R A
```

SAKSA   INTIA
ARGENTIINA   ITALIA
BELGIA   LIBYA
BRASILIA   MALI
KANADA   MAROKKO
ECUADOR   NICARAGUA
EGYPTI   NORJA
ESPANJA   PANAMA
FILIPPIINIT   PUOLA
HONDURAS   VENEZUELA

25 - Mitología

```
L A K K K C S N E N O K K U
E R U R A T I R A K N A S S
G K L Y H T V Q C M W M K K
E E T I I T E A N L N A O O
N T T R R R A U H S T L S M
D Y U U V Q K I S V A A T U
A P U T I E S E V C U S O K
N E R O Ö H V Z K A C U Y S
L D I S A N K A R I S K S E
O L E N T O J U M A L A T T
Y H K R F L U O M I N E N I
K U O L E V A I N E N N V R
L A B Y R I N T T I L T R G
K A T A S T R O F I Q Z E R
```

ARKETYPE	SOTURI
KATEUS	SANKARITAR
TAIVAS	SANKARI
LUOMINEN	LABYRINTTI
USKOMUKSET	LEGENDA
OLENTO	HIRVIÖ
KULTTUURI	KUOLEVAINEN
JUMALAT	SALAMA
KATASTROFI	UKKONEN
VAHVUUS	KOSTO

26 - Casa

```
H A F A W P F S G H V R Q U
A I L E K M D E U P P M A L
N T Z B U I B I K P K K L L
A A P U D N C N H E E A A A
K E L L A R I Ä I I I T T K
K I K K U N A F U L T T T K
A V O R W N K Y S I T O I O
T T Q P T N Y E M Z I O A P
V F U V Z M K I C A Ö C V M
M A K U U H U O N E T V G I
M U N V L B T T J U T T S F
K I R J A S T O A D K F O Y
D P U U T A R H A O N N R B
A U T O T A L L I F C C M R
```

MATTO	HANA
ULLAKKO	PUUTARHA
KIRJASTO	LAMPPU
TAKKA	SEINÄ
KEITTIÖ	LATTIA
MAKUUHUONE	OVI
SUIHKU	KELLARI
LUUTA	KATTO
PEILI	AITA
AUTOTALLI	IKKUNA

27 - Artes Visuales

```
M A A L A U S B K W H N K M
O M V U O P O R O Y N N E E
R L U U K H R N M P N E R S
Z U K K Y U P C V K Ä A T
U K O E U O C H T T O N M A
M Ö T B C A L P P V O Y I R
B K O V I H P E W E S K I I
D Ä U G V O F A S I T Y K T
P N M Z S Q L D K S U J K E
P A R A F I I N I T M I A O
V A L O K U V A V O U Y L S
H U F B S K N R A S S L C Z
N Q J T H K A P S T G K V M
L U O V U U S L M G F T M Y
```

SAVI   LYIJYKYNÄ
LAKKA   MESTARITEOS
PARAFIINI   ELOKUVA
KERAMIIKKA   NÄKÖKULMA
KOOSTUMUS   MAALAUS
LUOVUUS   KYNÄ
VEISTOS   MUOTOKUVA
VALOKUVA

28 - Salud y Bienestar #2

```
S  V  B  E  U  L  A  H  A  K  O  U  R  E
M  A  E  E  O  N  F  K  N  H  R  O  G  L
P  Z  I  R  U  D  D  A  A  Y  U  I  E  P
H  D  W  R  I  J  R  L  T  G  O  N  N  Y
C  A  Q  A  A  I  C  O  O  I  A  F  E  M
P  I  N  K  P  U  N  R  M  E  N  E  R  I
H  A  D  O  Z  J  S  I  I  N  S  K  G  N
K  A  I  G  R  E  L  L  A  I  U  T  I  E
U  K  A  N  T  E  R  V  E  A  L  I  A  N
U  A  T  N  O  R  E  I  H  W  A  O  Y  Y
R  U  O  K  A  V  A  L  I  O  T  F  Z  T
R  A  V  I  T  S  E  M  U  S  U  N  Z  H
C  S  T  R  E  S  S  I  N  N  S  A  N  Y
G  E  N  E  T  I  I  K  K  A  B  A  O  M
```

ALLERGIA	GENETIIKKA
ANATOMIA	HYGIENIA
RUOKAHALU	INFEKTIO
KALORI	HIERONTA
RUOKAVALIO	RAVITSEMUS
RUOANSULATUS	PAINO
ENERGIA	ELPYMINEN
SAIRAUS	TERVE
STRESSI	VERI

29 - Adjetivos #1

```
A K T I I V I N E N V R E A
B I G T Y W H N O H A E K R
T U M M A L U U V K L H S O
E H D O T O N O F T T E O M
V A K A V A O R D W A L T A
A R V O K A S I K V V L I A
V I E H Ä T T Ä V Ä A I S T
K P I R H K F V E S U N K T
K D S U U R I N I K D E R I
H W O W W N J U A A R N G N
T I N R E D O M C F T Ä L E
Z F D R A S K A S K Q O T N
Z N U A A N T E L I A S N E
V Q Z K S A K R I K G M M E
```

EHDOTON
AKTIIVINEN
AROMAATTINEN
VIEHÄTTÄVÄ
KIRKAS
VALTAVA
EKSOTISK
ANTELIAS
SUURI
REHELLINEN

TÄRKEÄ
VIATON
NUORI
HIDAS
MODERNI
TUMMA
RASKAS
VAKAVA
ARVOKAS

30 - Familia

```
L W P Ä T I S O Ä I T I U K
T Ä T I I Y S E R K K U R S
C K E L V T T A E I I B A K
L Y S E S H I Ä L T K Q F W
W I P V S E T Ä R H Q M M Z
R Y A I S Ä K O T O M I A V
V E L J E N P O I K A H T R
P B O H R I C C V S Y H S R
A W A W H D D U N I P W G Y
P Z C C U I S U U S P A L D
D Y O D D Ä M E B U Z S L M
P O J A N P O I K A D E C R
I S O I S Ä N D A H M I E S
V V E L J E N T Y T Ä R T H
```

ISOÄITI
ISOISÄ
STAMFAR
VAIMO
SISKO
VELI
TYTÄR
LAPSUUS
ÄITI
MIES

ÄIDIN
POJANPOIKA
LAPSI
LAPSET
ISÄ
SERKKU
VELJENTYTÄR
VELJENPOIKA
TÄTI
SETÄ

31 - Disciplinas Científicas

```
F P E D E I T I L E I K R I
G S A I G O L O E K R A A M
W Y A I G O L O I S O S V M
A K K I I N A K E M L V I U
I O R K U A C A L H P I T N
M L P W O A I M E K C T S O
O O B K U I O H D G A I E L
T G O A I G O L O I B E M O
A I M E K O I B I U V D U G
N A I G O L O I S Y F E S I
A I G O L O R O E T E M N A
D K W K Y E E K O L O G I A
L T F A I G O L O R U E N Q
M I N E R A L O G I A J C W
```

ANATOMIA	KIELITIEDE
ARKEOLOGIA	MEKANIIKKA
BIOLOGIA	METEOROLOGIA
BIOKEMIA	MINERALOGIA
KASVITIEDE	NEUROLOGIA
EKOLOGIA	RAVITSEMUS
FYSIOLOGIA	PSYKOLOGIA
GEOLOGIA	KEMIA
IMMUNOLOGIA	SOSIOLOGIA

32 - Cocina

```
K J Ä Ä K A A P P I L K G R
A U E S I L I I N A A A R U
Z D L K A N N U B W U T I O
B M K H I C I H W V T T L K
O F H A O T T Z Z Y A I L A
T O K I U P Ä M Ö Y S L I R
L I N E I S V U K T L A Y E
G U P U U N I O R U I L J S
F B S U I S Y Ö D Ä I P W E
H W O I K C H M T U N F Q P
N K M M K A R E L F A G O T
P N C M L A H U A K B R O I
O B V O N I T S A K A P O Y
V E I T S E T E E T S U A M
```

KATTILA   UUNI
SYÖDÄ   KANNU
RUOKA   SYÖMÄPUIKOT
PAKASTIN   GRILLI
LUSIKAT   RESEPTI
KAUHA   JÄÄKAAPPI
VEITSET   LAUTASLIINA
ESILIINA   KUPIT
MAUSTEET   KULHO
SIENI   GAFLER

33 - Moda

```
V B E Y R C P V U A J K L E
A O I V U K M I I U T A H H
A U N I R E D O R B N N T E
T T G A I T S Z D P V G E G
I I B Q N W Ä D F E G A E E
M Q S D Z K K K O R S K S
A U U V M Y I E S V U N K U
T E T E D U L L I N E N I U
O T K Y Z P Y Z T S N U N N
N R K T Y T Y C K M E Z I T
P I T S I L T K A V I G A A
K A L L I S I C R P L T P U
I N E N I Ä R E P U K L A S
R A K E N N E V A A T E W T
```

EDULLINEN
BRODERI
PAINIKKEET
BOUTIQUE
KALLIS
TYYLIKÄS
PITSI
TYYLI
MITAT

MODERNI
VAATIMATON
ALKUPERÄINEN
KUVIO
PRAKTISK
VAATE
KANGAS
SUUNTAUS
RAKENNE

34 - Electricidad

```
G N B N V D V V O S T B Z S
A E I I Y B E S B Ä E S K Ä
J N N L M A R V J H L K P H
R I E E H I K I E K E M V K
Q V N P R S K F K Ö V Ä A Ö
K I I A Y A O I T I I Ä R A
T I V A L R A T I N S R A S
L T I K A O J T S E I Ä S E
A A I H I T O E T N O S T N
M G T Z T S H E R O J L O T
P E I T T I D N E E R A I A
P N S M E P O G S H F I N J
U F O O E O T A A K K U T A
V U P N T U M M L V V T I A
```

VARASTOINTI   GENERAATTORI
AKKU   MAGNEETTI
KAAPELI   LAMPPU
JOHDOT   LASER
MÄÄRÄ   NEGATIIVINEN
SÄHKÖASENTAJA   OBJEKTI
SÄHKÖINEN   POSITIIVINEN
PISTORASIA   VERKKO
LAITTEET   TELEVISIO

35 - Salud y Bienestar #1

```
C D M T V Q Y N R H B D A G
B U S U R I V F E O A Q K Y
J A M U T R U M F I K I T W
Ä Y A L S Ä R F L T T W I P
K L I N I K K A E O E T I M
L R E D R Ä B I K P E A V S
Ä I Y D O Ä E P S Z R J I O
N K Z H U L W A I E I A N J
H P O J T K C R R B T R E R
E I H R E I B E F R J P N E
R P I S K V K T L Ä Ä K E P
M J Q F H E A P T E E K K I
O O J M U S U M U T T O T F
T Z S I N T E S K A H I L F
```

AKTIIVINEN	LÄÄKE
KORKEUS	LIHAKSET
BAKTEERIT	HERMOT
KLINIKKA	IHO
LÄÄKÄRI	RYHTI
APTEEKKI	REFLEKSI
MURTUMA	TERAPIA
NÄLKÄ	HOITO
TOTTUMUS	VIRUS
LUUT	

36 - Adjetivos #2

```
K Ä V Ä T Ö Y S S U F F I D
L U Q Ä Q Y S T U O R E Y R
U F U T S M V D A Q Ä J A A
O K C L J Y I E V A E K A M
V R Y C U A N S U I P Q T A
A I J Q V I I Y K B L S Y A
U N S F W K S C T G Y B Y T
T J K N E N I A L O U S L T
V A S T U U L L I N E N I I
N E N I E T S U A M B Z K N
V U U S I Q E D Q L N K Ä E
I J D E U S U R Q O U K S N
T U O T T A V A V H A V W R
N O R M A A L I C E O J R W
```

VÄSYNYT	VAHVA
SYÖTÄVÄ	NORMAALI
LUOVA	UUSI
KUVAUS	YLPEÄ
DRAMAATTINEN	MAUSTEINEN
MAKEA	TUOTTAVA
TYYLIKÄS	VASTUULLINEN
KUULUISA	SUOLAINEN
TUORE	TERVE

37 - Cuerpo Humano

```
K  T  N  Ä  D  Y  S  K  K  S  I  L  M  Ä
C  O  D  E  V  J  I  A  I  I  V  P  R  Q
N  R  R  S  N  A  H  S  E  T  L  Ä  F  J
A  Z  A  V  N  Ä  O  V  L  D  O  Ä  Z  Y
S  Z  G  D  A  I  V  O  I  F  P  Ä  K  J
Y  Z  D  U  L  S  I  T  F  U  J  P  L  L
V  M  T  Y  U  Ä  U  E  D  O  A  R  E  N
J  Q  V  O  A  K  U  U  Q  Y  G  Ä  U  O
D  F  N  M  K  L  A  I  V  O  T  N  K  L
H  L  P  B  H  R  K  R  E  D  O  Y  A  K
N  I  L  K  K  A  L  E  L  O  U  Y  H  A
U  Z  Q  I  N  P  A  V  V  P  W  K  K  P
K  U  C  D  W  D  J  O  F  Y  R  Z  R  Ä
S  O  R  M  I  E  K  H  O  L  F  R  F  Ä
```

LEUKA	KIELI
SUU	KÄSI
PÄÄ	NENÄ
KASVOT	SILMÄ
AIVOT	KORVA
KYYNÄRPÄÄ	IHO
SYDÄN	JALKA
KAULA	POLVI
SORMI	VERI
OLKAPÄÄ	NILKKA

38 - Ciencia

```
P A L A E O D O G K H T Z O
A I D O I T U U L O V E G I
I L J T J S F B S E G S V R
N I N N O A A Y C Z F K H O
O I T O N M I I S N R U I T
V S I U W L W U S I H I L A
O S A L G I O M D O I H Y R
I O R G A N I S M I T K Y O
M F Y S J K A S V I T A K B
A T I E D E M I E S O T E A
M W G T U S U T V S D O L L
M E N E T E L M Ä P E M O U
H Y P O T E E S I J I I M R
M I N E R A A L I S T S S A
```

ATOMI	HYPOTEESI
TIEDEMIES	LABORATORIO
ILMASTO	MENETELMÄ
TIEDOT	MINERAALI
EVOLUUTIO	MOLEKYYLI
KOE	LUONTO
FYSIIKKA	ORGANISMI
FOSSIILI	HIUKSET
PAINOVOIMA	KASVIT
TOSIASIA	

39 - Restaurante #2

```
H  E  R  K  U  L  L  I  N  E  N  L  M  M
H  S  H  S  J  R  Y  S  Ä  P  T  O  U  I
S  E  U  A  N  L  O  E  Ä  P  A  U  N  T
S  W  D  O  A  I  R  V  J  U  R  N  A  U
P  Y  Z  E  L  R  M  M  H  S  J  A  T  O
Z  W  N  Q  L  A  U  A  E  O  O  S  M  L
J  U  O  M  A  M  C  K  Z  A  I  E  A  I
I  K  G  Q  B  H  Ä  K  K  L  L  N  U  T
K  A  K  K  U  F  Y  I  A  A  I  N  S  T
U  D  L  N  B  C  J  S  Z  P  J  A  T  A
Z  L  Z  U  Y  S  M  U  U  A  H  E  A
E  T  A  K  J  T  H  L  F  K  U  I  E  L
I  N  Y  L  K  A  L  A  M  L  E  V  T  A
U  L  V  N  E  N  I  L  L  A  L  L  I  S
```

VESI	HEDELMÄ
LOUNAS	JÄÄN
ALKUPALA	MUNAT
JUOMA	KAKKU
TARJOILIJA	KALA
ILLALLINEN	SUOLA
LUSIKKA	TUOLI
HERKULLINEN	SUPPE
SALAATTI	HAARUKKA
MAUSTEET	VIHANNES

40 - Profesiones #1

```
M E R I M I E S Y A R C I H
P A N K K I I R I S U N N Z
H F E I R S E I M I K T U P
I A J A T N E M L A V T K H
Ä R F H N A I W A N P I A O
P O Ä G C G R I J A I E R I
P S Y K O L O G I J A D T T
E E C R Ä I H O L A N E O A
S I Z V L Ä S L I J I M G J
A M H P H B L O E A S I R A
T O N K I E B E H R T E A Q
L L Y A J P V G R B I S F Q
U A T S G F K N U Z U K I N
K P I V Q N M U U S I K K O
```

ASIANAJAJA	VALMENTAJA
URHEILIJA	PUTKIMIES
PANKKIIRI	GEOLOGI
PALOMIES	KULTASEPPÄ
KARTOGRAFI	MERIMIES
TIEDEMIES	MUUSIKKO
LÄÄKÄRI	PIANISTI
HOITAJA	PSYKOLOGI

41 - Vehículos

```
T R Y V Q L A U T T A C T S
R Y A C A E F I Ä A G D A U
A Z D K S W J Y R A U E K K
K Q S O E U H Q Ö K J V S E
T L K T A T K U Y N K E I L
O I E C A R T K P E U N K L
R B H N Y P V I U R K E B U
I E B R T L P T K L A R Q S
I R O T T O O M L O A E O V
Z A O W G B K D O A U T O E
P V B U S S I O P Q M O R N
U F Q E G C Q B N S Z O T E
I R E T P O K I L E H C E J
A M B U L A N S S I K S M A
```

AMBULANSSI   HELIKOPTERI
BUSSI   SUKKULA
LENTOKONE   METRO
LAUTTA   MOOTTORI
VENE   RENKAAT
POLKUPYÖRÄ   SCOOTER
KUKA   SUKELLUSVENE
AUTO   TAKSI
RAKETTI   TRAKTORI
VAREBIL

42 - Geometría

```
K O R K E U S B O K S I N O
T G W N U I N C M Ä Y A U B
E U A I R T E M M Y S V M A
O O J N L T N H D R I A E L
R F I A G N I H V Ä L A R O
I M S A P E A I T T A K O G
A V I I I M K O A S S A M I
K L A D N G K Y S S K B H I
T U K E T E A H V A E S O K
M K L M A S N T K C M G N K
Y O A M D G N Ä A P I L I A
B W H E A Q I L D Z N U W A
K O L M I O R Ö W M E M Y L
U L O T T U V U U S N Z L B
```

KORKEUS
KULMA
LASKEMINEN
KÄYRÄ
HALKAISIJA
ULOTTUVUUS
YHTÄLÖ
VAAKA
LOGIIKKA
MASSA

MEDIAANI
NUMERO
RINNAKKAINEN
OSA
SEGMENTTI
SYMMETRIA
PINTA
TEORIA
KOLMIO

43 - Vacaciones #2

```
V F H N A V G W V M P S U K
R A T Z A U A J N E A A L O
A M R I T B V P Z R S A K H
N A T A T O Z T A I S R O D
T T A Q U S K N T A I I M E
A K K H L K B W T D G V A R
G A S V U U S H L R F I A A
Q L I J O W F E E F Q I L V
B H N W K D D T T M V S A I
K U L J E T U S H O L U I N
K A R T T A G J M A V M N T
K U V A T M Y Z H Q V I E O
H O T E L L I L O M A N N L
K E A N Y K W E K I N U Q A
```

LUFTHAVN	PASSI
TELTTA	RANTA
KOHDE	VARAUKSET
ULKOMAALAINEN	RAVINTOLA
KUVAT	TAKSI
HOTELLI	KULJETUS
SAARI	KOULUTTAA
KARTTA	LOMA
MERI	MATKA
VAPAA	VIISUMI

44 - Baile

```
P A O H E K R E O S M A W I
E K D H N I U Y Q V B R H L
R A F A N T L L T A T M C M
I T S H U H M O T M B O C E
N E D P T Y W B I T I K S I
T M Z K F R G B J N U G A K
E I M U S I I K K I E U R Ä
I A K V Z T U N L Q B N R S
N E N I S S A L K E G D U I
E K I I L Z K U M P P A N I
N T A I D E U D C U A H B U
H A R J O I T U K S E T G L
K O R E O G R A F I A N B L
V I S U A A L I N E N Y R J
```

AKATEMIA
ILOINEN
TAIDE
KLASSINEN
KOREOGRAFIA
KEHO
KULTTUURI
TUNNE
HARJOITUKSET

ILMEIKÄS
ARMO
LIIKE
MUSIIKKI
RYHTI
RYTMI
KUMPPANI
PERINTEINEN
VISUAALINEN

45 - Matemáticas

```
K R S A K I N N U U S U L O
E I U Y M E Y D R N W P U P
H N O I M L U K I N O M P E
Ä N R K J K B E T A M L U K
D A A I O E K S O G N O I S
E K K J P L J Y N I Q P L P
S K U C W V M Y H T Ä L Ö O
I A L D Q P J I M S H W S N
M I M N P Q R T O Y Ä J P E
A N I U N E L I Ö A T D Q N
A E O M T I L A V U U S E T
L N G E S Y M M E T R I A T
I A I R T E M O E G W K J I
L Z N O H A L K A I S I J A
```

KULMAT	RINNAKKAINEN
NELIÖ	SUUNNIKAS
DESIMAALI	KEHÄ
HALKAISIJA	MONIKULMIO
YHTÄLÖ	SÄDE
EKSPONENTTI	SUORAKULMIO
JAE	SYMMETRIA
GEOMETRIA	KOLMIO
NUMERO	TILAVUUS

46 - Restaurante #1

```
V Y J D T F C A I F L E R M
A K O T V A O H L U K A N A
R A N I Z V R A Q S D B E Ä
A H O V I E Q J M N O Q U D
U V K F Y I G R O A G E I Ö
S I T R J T W U K I L E V Y
L E I P Ä S G O K G L S U S
B C E O K I F K I R L I K L
K E I T T I Ö A L E W I J I
P D A I N E B M A L I H H A
K A S T I K E K V L K R S A
H N F A N I I L S A T U A L
J Ä L K I R U O K A J B R M
M A U S T E I N E N Q O J F
```

ALLERGIA	LEIPÄ
KAHVI	MAUSTEINEN
TARJOILIJA	LEVY
LIHA	KANA
KEITTIÖ	JÄLKIRUOKA
SYÖDÄ	VARAUS
RUOKA	KASTIKE
VEITSI	LAUTASLIINA
AINE	KULHO
VALIKKO	

47 - Profesiones #2

```
P T T O I M I T T A J A H V
L U U Q Ä J I S K E K J A A
F L U T M E O W I L C A M L
R I R T K I U T R Ä Z T M O
L O L B A I H L U Ä I T A K
V E N O Y R J P R K N I S U
Y L Y R S O H A G Ä S V L V
E Z V O B O T U I R I U Ä A
E T S I V Ä F A R I N K Ä A
Ä J I L E J L I V I Ö S K J
O P E T T A J A O B Ö L Ä A
K U S T A N T A J A R C R S
L B Z H U I G O L O I B I H
T A I D E M A A L A R I J O
```

VILJELIJÄ
BIOLOGI
KIRURGI
HAMMASLÄÄKÄRI
ETSIVÄ
KUSTANTAJA
FILOSOFI
VALOKUVAAJA
KUVITTAJA

INSINÖÖRI
KEKSIJÄ
TUTKIJA
PUUTARHURI
LÄÄKÄRI
TOIMITTAJA
TAIDEMAALARI
OPETTAJA

48 - Naturaleza

```
T N R E B D A J S O E C V A
R E A R N Y Q R O A J Y I A
O R U O B N T W K K T D L V
O R H O S A W L V T I W L I
P O A S V A F W B H I Z I K
P L L I U M U S D Q R N U K
I E L O T I V L I P L Z E O
N H I E Ä N P Y H Ä K K Ö N
E T N L R E J Ä Ä T I K K Ö
N I E Ä K N M A O M K H B W
I E N I E W E Q J U F V Z C
S N T M Ä E T E R O U V Y U
C U Q E W R S U E N U A K R
K G G T M D Ä Q M E T S W L
```

ELÄIMET	SUMU
ARKTINEN	PILVI
KAUNEUS	SUOJA
METSÄ	JOKI
AAVIKKO	VILLI
DYNAAMINEN	PYHÄKKÖ
EROOSIO	RAUHALLINEN
LEHTIEN	TROOPPINEN
JÄÄTIKKÖ	TÄRKEÄ
VUORET	

49 - Conduciendo

```
M O O T T O R I P Y Ö R Ä J
A K U K J K Z H I E H M G A
S U U M O T T E N N O O Z L
J S T J T M S W J N I O L A
A A Z O A U B G D E S T P N
T A K J C R N B W K S T E K
T K V D H N R N G I N O D U
R N O P E U S U E I E R P L
A V K A T U W Q T L S I O K
K U L J E T U S H A I Q L I
A M F V A A R A Z A L V I J
T U R V A L L I S U U S I A
K T Y A U T O T A L L I S K
P O L T T O A I N E M Z I J
```

ONNETTOMUUS	MOOTTORIPYÖRÄ
KATU	MOOTTORI
KUKA	JALANKULKIJA
AUTO	VAARA
POLTTOAINE	POLIISI
JARRUT	TURVALLISUUS
AUTOTALLI	KULJETUS
KAASU	LIIKENNE
LISENSSI	TUNNELI
KARTTA	NOPEUS

50 - Ballet

```
T A I T E E L L I N E N I V
T A N S S I J A T T L N L M
M I N T E N S I T E E T T I
Q S Ä K I E M L I M T Y R M
H A R J O I T U K S E T J L
T M Y B Ä O R K E S T E R I
Y U L A E T P F C T T S U V
Y S E L T U L A Z M A K N Y
L I L I J B E C M I A U L
I I S E P N M A V J T H E E
F K Ö R K V L Y L Ä O I G Z
D K K I C Y M Q H P S L N G
F I V N T E K N I I K K A R
P K Y A L L E T I O J R A H
```

TAITEELLINEN	TAITO
YLEISÖ	INTENSITEETTI
BALLERINA	LIHAKSET
TANSSIJAT	MUSIIKKI
SÄVELTÄJÄ	ORKESTERI
HARJOITUKSET	HARJOITELLA
TYYLI	RYTMI
ILMEIKÄS	TEKNIIKKA
ELE	

51 - Fuerza y Gravedad

```
P  A  I  N  E  M  G  P  L  K  V  Q  N  L
M  A  K  S  E  L  I  A  A  I  A  N  O  J
L  E  A  R  M  A  K  I  A  T  I  E  P  A
S  G  K  W  N  W  H  N  J  K  K  N  E  L
K  V  K  A  O  Y  V  O  E  A  U  I  U  T
C  I  I  B  N  T  F  O  N  A  T  M  S  R
I  T  I  K  H  I  A  D  N  A  U  A  G  S
T  H  S  N  H  S  I  Q  U  F  S  A  Y  J
J  U  Y  A  T  S  U  K  S  E  K  N  F  T
T  A  F  G  G  E  K  U  K  L  Ö  Y  T  Ö
W  V  D  N  M  I  I  S  R  A  J  D  L  Q
Y  L  E  I  S  T  Ä  S  D  U  F  K  T  T
E  T  Ä  I  S  Y  Y  S  T  J  U  J  I  A
L  I  I  K  E  W  U  I  S  Ö  F  S  I  J
```

KESKUSTA	SUURUUS
LÖYTÖ	MEKANIIKKA
DYNAAMINEN	LIIKE
ETÄISYYS	PAINO
AKSELI	PAINE
LAAJENNUS	KIINTEISTÖ
FYSIIKKA	AIKA
KITKA	YLEISTÄ
VAIKUTUS	NOPEUS
VAUHTI	

52 - Aventura

```
E  I  H  W  U  Y  K  N  L  O  H  L  N  P
Y  S  G  O  D  V  S  O  M  M  N  H  K  Q
M  R  A  H  V  R  C  T  H  A  C  V  W  E
V  Y  K  A  A  N  S  N  Ä  D  T  V  G  K
F  Q  O  L  I  K  T  E  R  V  E  K  V  J
K  M  Y  J  K  W  D  M  H  T  Ä  I  A  S
V  K  S  N  E  N  I  L  L  A  R  A  A  V
U  U  S  I  U  M  B  K  O  T  N  O  U  L
I  A  J  A  S  J  S  U  E  N  U  A  K  Q
I  N  N  O  S  T  U  S  J  I  S  W  W  Y
M  A  T  K  U  S  T  A  A  M  P  Q  M  N
W  K  P  I  T  N  I  O  G  I  V  A  N  P
Y  L  L  Ä  T  T  Ä  V  Ä  O  L  K  L  A
N  E  N  I  L  L  A  V  A  T  Ä  P  E  P
```

TOIMINTA	EPÄTAVALLINEN
ILO	MATKA
YSTÄVÄ	LUONTO
KAUNEUS	NAVIGOINTI
KOHDE	UUSI
VAIKEUS	VAARALLINEN
INNOSTUS	YLLÄTTÄVÄ
RETKI	MATKUSTAA

53 - Pájaros

```
K W L I H H A N H I V I D S
J A A G A K Y Y H K Y N E N
H A N O U S T R U T S I M E
M A M A K F N H D Q T I U N
J B I A K B I V E U L V N U
F V O K A P Q R L P O G A P
J A F Y A K K N A T G N E R
B T N P B R S F N N T I K A
P I O A J I A K U P A P U V
J O U T S E N A K S R K Z Z
K Ä K I T B Z L O K K I C R
F L A M I N G O V A R I S F
P E L I K A A N I I G E W P
K O T K A T O U K A A N I N
```

STRUTSI	VARPUNEN
KOTKA	HAUKKA
KANARIFUGL	MUNA
HAIKARA	PAPUKAIJA
JOUTSEN	KYYHKYNEN
KÄKI	ANKKA
VARIS	PELIKAANI
FLAMINGO	PINGVIINI
HANHI	KANA
LOKKI	TOUKAANIN

54 - Geografía

```
O G J C V D D A O I B C J K
M U U Y V E S I J G F N O O
M H K D K A U P U N K I K R
P O H J O I N E N M A R I K
M Q E K A R T T A A L A R E
E B T M W L I B S A U A O U
R F S E A H T M O S E S U S
I N A L F A N G N S M L V R
D P S U B I I Ä A A M Ä R L
I C U K Y K M L A T E N I Y
A S U V Y M F E M G R S Q C
A A T L A S C T N A I I N M
N G I A B W H E G A Y W V A
I K P H L E V E Y S A S T E
```

KORKEUS
ATLAS
KAUPUNKI
MAANOSA
HALVKULE
SAARI
LEVEYSASTE
PITUUSASTE
KARTTA
MERI

MERIDIAANI
VUORI
MAAILMA
POHJOINEN
LÄNSI
MAASSA
JOKI
ETELÄ
ALUE

55 - Música

```
D  K  E  R  T  O  S  Ä  E  B  E  A  U  W
A  L  B  U  M  I  Ä  Ä  N  I  T  E  F  S
R  U  N  O  L  L  I  N  E  N  Z  V  D  A
H  A  R  M  O  N  I  N  E  N  E  D  K  D
F  J  O  P  M  E  T  Z  D  D  N  F  B  I
S  W  Y  N  A  U  M  U  U  S  I  K  K  O
I  B  O  Y  W  Q  S  R  U  I  L  G  B  S
L  A  U  L  A  J  A  I  Y  B  Ä  R  A  I
H  A  R  M  O  N  I  A  I  T  V  U  L  V
M  I  K  R  O  F  O  N  I  K  M  K  L  O
F  M  N  E  N  I  S  S  A  L  K  I  A  R
U  L  U  A  L  A  U  L  A  A  A  I  D  P
A  K  M  V  O  O  P  P  E  R  A  U  I  M
U  M  E  L  O  D  I  A  Z  G  J  E  M  I
```

HARMONIA	VÄLINE
HARMONINEN	MELODIA
ALBUMI	MIKROFONI
BALLADI	MUSIIKKI
LAULAJA	MUUSIKKO
LAULAA	OOPPERA
KLASSINEN	RUNOLLINEN
KERTOSÄE	RYTMI
ÄÄNITE	TEMPO
IMPROVISOIDA	LAULU

56 - Actividades

```
L U K E M I N E N H I Z I T
N I V E N E E T C I Z L I O
K E F U J K D P E L I T O I
A Q N M T W I T A I K A V M
L E V I A D A U Z P G K A I
A T A M M A T H R A F T P N
S U L E H U L P K R C A A T
T Y O T V L T A D R A I A A
U H K S A E D U U A M T C A
S U U Ä E P P Z O S P O Z Z
E R V S L M W F J T I S Q J
A Y A T L O P Z L T N E Z P
U F U Y U V H M Z K G E D A
B H S S S V T L E E R C R Q
```

TOIMINTA
TAIDE
VENEET
CAMPING
METSÄSTYS
OMPELU
VALOKUVAUS
TAITO
ETU

PELIT
LUKEMINEN
TAIKA
VAPAA
KALASTUS
MAALAUS
ILO
RENTOUTUMINEN
VAELLUS

57 - Verduras

```
R  D  K  L  G  S  O  A  N  U  R  E  P  S
C  A  U  G  U  H  E  J  B  L  A  I  F  I
E  K  U  R  K  K  U  L  A  D  V  U  F  P
I  R  S  B  I  V  I  I  L  O  H  A  A  U
A  O  T  S  O  R  E  S  T  E  H  O  R  L
R  E  T  I  I  S  I  R  O  N  R  S  T  I
H  E  R  N  E  W  R  E  M  A  S  I  I  R
T  T  C  Z  U  J  V  P  A  U  I  O  S  Ä
S  A  L  A  A  T  T  I  A  R  E  K  O  Ä
K  U  R  P  I  T  S  A  T  I  N  A  K  V
P  O  R  K  K  A  N  A  T  S  I  N  K  I
L  D  O  L  P  B  Z  V  I  Q  F  U  A  K
P  I  N  A  A  T  T  I  Z  C  M  M  B  N
V  A  L  K  O  S  I  P  U  L  I  C  L  I
```

VALKOSIPULI	NAURIS
ARTISOKKA	OLIIVI
SELLERI	PERUNA
MUNAKOISO	KURKKU
KURPITSA	PERSILJA
SIPULI	RETIISI
SALAATTI	SIENI
PINAATTI	TOMAATTI
HERNE	PORKKANA
INKIVÄÄRI	

58 - Instrumentos Musicales

```
C P B A N J O R O G D I T M
F A L S V M H S U P O L A A
N S Q H Q F N A L M Z J M N
Q U E M B C C U F P B B D
N U P A A P A L I R W U U O
U N O R S Q K D V L Y P R L
O A E I T T O G A F B P I I
B O T M S E L L O Y J R I I
O R N B I T N R D H O A N N
E G P A C G Z G O N G H I I
H U U L I H A R P P U K Q F
C I T T E P M U R T Q E A T
H U I L U K I T A R A A M H
K L A R I N E T T I W V A F
```

HUULIHARPPU	MARIMBA
HARPPU	OBOE
BANJO	TAMBURIINI
KLARINETTI	PIANO
FAGOTTI	RUMPU
HUILU	PASUUNA
GONG	TRUMPETTI
KITARA	VIULU
MANDOLIINI	SELLO

59 - Mascotas

```
T E N N Y K A G I L U L U T
A J I A K U P A P Q L N Z E
S Z O I N A K V E S I Y Z Z
S U Q H K A H D J P U I Z M
U H L O K R U O K A S S I K
T I O U P Ö T S R Y P S R E
L H H V A N N O K I P L I K
I N L A I K E Y S Z U P I G
S A P I M S P Ä D V T U H E
K K A L A S M M W F E Q L U
O C P T V Y T H J U V J K Q
P W T G T K O E Z G U G L I
O P Y C M R I L R E Q V E C
J I U K O I R A R I Y U Y G
```

VESI	HAMSTERI
VUOHI	LISKO
PENTU	PAPUKAIJA
PYRSTÖ	TASSUT
KAULUS	KOIRA
RUOKA	KALA
KANI	HIIRI
HIHNA	KILPIKONNA
KYNNET	LEHMÄ
KISSA	

60 - Formas

```
Z P N U M N R Ä R Y Ä K L S
M N K K Z V I Y Q E D I S J
P O J L A E K I O S U C M Q
R I N Z C A O K I L H N B N
I M F I U M R G T I Y P A M
S L Y R K L T I R N P H D T
M U U E I U S Y A J E G K W
A K Z T T K L A K A R S M B
S A J N F V P M W K B Z S B
K R P I B Z F Ö I L E N O B
F O E L L I P S I O L O T A
C U B Y Y M P Y R Ä I O S B
L S Q S P Y R A M I D I G O
K U U T I O I M L O K M C T
```

KAARI   HYPERBELI
REUNAT   SIDE
SYLINTERI   LINJA
YMPYRÄ   SOIKEA
KARTIO   PYRAMIDI
NELIÖ   MONIKULMIO
KUUTIO   PRISMA
KÄYRÄ   SUORAKULMIO
ELLIPSI   KOLMIO
KULMA

61 - Flores

```
T L J A P G I B P M R G L P
M I A T Ä F A J L I L A A L
A I S E I A K U S U U R V U
G L M R V O K K I N U D E M
N A I Ä Ä T U K S O C E N E
O B I L N U K J U R I N T R
L C N E K L N N C K H I E I
I Y I H A P O H S I I A L A
A R U T K P G Q I D C O I W
P D J I K A N Y B E H W V L
J I T G A A I G I A R B S S
C A O Q R N R R H C W A O P
F E I N A I U P P M I K P F
J U A L I P A Z O B P L C O
```

UNIKKO
VOIKUKKA
GARDENIA
AURINGONKUKKA
HIBISCUS
JASMIINI
LAVENTELI
LIILA
LILJA
MAGNOLIA

PÄIVÄNKAKKARA
ORKIDEA
PIONI
TERÄLEHTI
PLUMERIA
KIMPPU
RUUSU
APILA
TULPPAANI

62 - Astronomía

```
L O T H P S J G D U B A M H
M B A A L U P E A G Z B A L
E S I M A P K I V L H S A W
T E V I N E O I M N A K I N
E R A O E R S B Y E D K E L
O V S V E N M M L V N Ø S A
R A H O T O O T A P F N G I
I T G N T V S E Q Z M J Y N
T O G I A A Z Y L I E T Ä S
T R K A U K O P U T K I G Q
E I P P M A S T E R O I D I
K O P W U U K R M K Q D F N
A G Ö T S I D H Ä T E L W T
R A S T R O N A U T T I V N
```

ASTEROIDI	KUU
ASTRONAUTTI	METEORI
TAIVAS	SUMU
RAKETTI	OBSERVATORIO
TÄHDISTÖ	PLANEETTA
KOSMOS	SÄTEILY
PIMENNYS	SUPERNOVA
JEVNDØGN	KAUKOPUTKI
GALAKSI	MAA
PAINOVOIMA	

63 - Tiempo

```
W  L  K  E  I  L  E  N  V  Y  Q  T  V  P
C  K  N  T  U  Y  Z  S  G  T  H  N  U  G
E  D  A  V  M  I  N  U  U  T  T  I  O  C
K  U  U  K  A  U  S  I  R  Y  T  N  S  K
I  V  A  F  A  I  F  S  Z  N  U  N  I  V
Ä  V  I  Ä  P  I  K  S  E  K  L  U  K  U
Z  G  R  I  H  E  T  K  I  A  E  T  Y  O
T  J  E  B  K  K  B  U  K  I  V  L  M  S
O  I  T  F  N  K  C  J  Y  K  A  Z  M  I
T  Ä  N  Ä  Ä  N  O  A  Ö  A  I  O  E  O
A  V  E  G  D  E  L  I  M  I  S  T  N  G
J  I  L  B  V  N  L  N  S  N  U  U  I  F
S  Ä  A  V  N  E  A  P  E  U  S  B  K
U  P  K  R  M  E  K  H  N  N  S  J  K  Z
```

NYT	AAMU
ENNEN	KESKIPÄIVÄ
VUOSI	KUUKAUSI
EILEN	MINUUTTI
KALENTERI	HETKI
VUOSIKYMMEN	YÖ
PÄIVÄ	KELLO
TULEVAISUUS	VIIKKO
TUNNIN	AIKAINEN
TÄNÄÄN	

64 - Paisajes

```
V V E S I P U T O U S Y C T
U L E V J E D Q E G A S J U
O U S B F Ä O D L Q D Q Ä N
R O N C Q N Ä J Ä R V I Ä D
I L N A J I F T C S U O V R
A A H D M E D J I R E M U A
G N I S W M Z Y K K I P O V
V E S A D I E K O Q K B R T
O Q Y B A M F Z J P N Ö I U
L O R S C A L A G U U N I C
C C S W I A T A A V I K K O
A D N Y V R E N S U I S T O
N B W H Q A U L A A K S O I
O T J J D Q K A I R A A S Z
```

VESIPUTOUS
LUOLA
AAVIKKO
SUISTO
GEYSIR
JÄÄTIKKÖ
JÄÄVUORI
SAARI
JÄRVI
LAGUUNI

MERI
VUORI
KEIDAS
SUO
NIEMIMAA
RANTA
JOKI
TUNDRA
LAAKSO
VOLCANO

65 - Días y Meses

```
M  I  A  T  S  R  O  T  H  O  C  P  J  U
D  A  O  B  C  L  N  P  E  F  E  Z  O  L
Z  T  R  G  P  U  U  K  I  M  L  E  H  Q
I  N  D  R  N  I  A  T  N  U  N  N  U  S
M  A  M  B  A  D  K  S  Ä  E  H  N  L  T
W  U  A  U  A  S  A  W  K  J  B  K  H  I
C  A  A  V  U  L  K  U  U  K  O  L  E  I
K  L  N  V  U  C  O  U  U  K  S  Y  Y  S
E  M  A  I  K  O  E  K  U  D  Y  D  Z  T
S  V  N  I  I  I  S  U  A  K  U  U  K  A
Ä  G  T  K  M  L  S  I  O  K  W  S  M  I
K  Y  A  K  M  F  T  H  C  F  U  Z  T  Y
U  J  I  O  A  U  U  K  I  T  H  U  H  F
U  I  R  E  T  N  E  L  A  K  Y  J  H  T
```

HUHTIKUU
ELOKUU
VUOSI
KALENTERI
SUNNUNTAI
TAMMIKUU
HELMIKUU
TORSTAI
HEINÄKUU

KESÄKUU
MAANANTAI
TIISTAI
KUUKAUSI
MARRASKUU
LOKAKUU
LAUANTAI
VIIKKO
SYYSKUU

66 - Chocolate

```
I A O M V Y O H H R E G T R
J R K A V I L L E M A R A K
A T A A K S A I R O L A K S
U I T P C A F K K S H A V C
H S K Ä A Z A B U H Y E M H
E A E H L U H K L W H Ö P H
K N R K N F A P L L D A D O
S A A I M A K U I J R C Q Ä
I L A N M E R D N A R O M I
T W W Ä L J U W E L A A T U
O K C T P T T Ø N S O K O K
S U O S I K K I S O K E R I
K A I N E S O S A E K A M B
E R E S E P T I B E F L J W
```

KATKERA
AROMI
ARTISANAL
SOKERI
MAAPÄHKINÄT
KAAKAO
LAATU
KALORI
KARAMELLI
KOKOSNØTT

SYÖDÄ
HERKULLINEN
MAKEA
EKSOTISK
SUOSIKKI
MAKU
AINESOSA
JAUHE
RESEPTI

67 - Barbacoas

```
H E D E L M Ä K T J A W I S
P E L I T F S A O V S R K T
L G K I H J E S M N Ä L K Ä
I O R N F G K T A N A K I U
Z Z U I H U O I A J P A I D
Y J Y N L O S K T K Y R S G
T E S P A L V E I U T N U H
V N G M E S I A T K U U M A
N E N I L L A L L I E Z C S
E H I R U P P I P P Q L W I
I R A T N I C U S U O L A P
B E J L S V I H A N N E S U
P P G L C E M U J G D L D L
A R P W T I T A A L A S R I
```

LOUNAS	MUSIIKKI
KUUMA	LAPSET
SIPULI	GRILLI
ILLALLINEN	PIPPURI
VEITSET	KANA
SALAATIT	SUOLA
PERHE	KASTIKE
HEDELMÄ	TOMAATIT
NÄLKÄ	KESÄ
PELIT	VIHANNES

68 - Ropa

```
V F J P R Z B V S U K A T K
V Y J E K A U L A K O R U Ä
M K Ö M N O D U B T K R O S
H U I V I P N B S Q R E T I
M T C O W A Å I Y N C E T N
T E Ä L M I B T G F S C V E
A K K Q H T M O R E S U P E
K O N K Y A R U T T A H M T
K R E C O H A M E E T O N C
I U K Y A O P M H O U S U T
P T Q R D R A F A R E N J D
E S I L I I N A T J T U H S
V I L L A P A I T A Y Z B C
S A N D A A L I T L G P B P
```

PUSERO
HUIVI
SUKAT
PAITA
TAKKI
VYÖ
KAULAKORU
ESILIINA
HAME
KÄSINEET

KORUT
MUOTI
HOUSUT
PYJAMA
ARMBÅND
SANDAALIT
HATTU
VILLAPAITA
MEKKO
KENKÄ

69 - Meditación

```
L  N  E  N  I  M  Y  S  K  Ä  V  Y  H  F
I  C  N  V  S  P  S  H  E  P  K  O  N  L
I  V  N  V  A  R  T  P  B  L  K  A  Z  G
K  P  U  O  M  J  Ä  T  S  I  K  N  E  H
E  Q  T  T  L  O  V  Y  Y  Y  G  E  V  D
J  O  T  N  U  T  Ä  T  Ö  Y  M  G  Y  S
R  O  J  I  K  N  L  H  U  O  M  I  O  S
S  Q  J  A  Ö  O  L  L  V  A  Z  N  Y  U
L  R  D  V  K  U  I  L  E  I  M  Z  E  W
Y  H  Y  A  Ä  L  S  Y  T  I  G  N  E  H
F  P  Z  H  N  W  Y  P  F  R  A  U  H  A
F  U  P  F  T  H  Y  A  J  T  T  E  L  D
F  S  H  E  A  I  S  K  U  T  A  J  A  M
M  U  S  I  I  K  K  I  E  Y  C  O  I  Q
```

HYVÄKSYMINEN	MUSIIKKI
HUOMIO	LUONTO
YSTÄVÄLLISYYS	HAVAINTO
SELKEYS	RAUHA
MYÖTÄTUNTO	AJATUKSIA
TUNNE	NÄKÖKULMA
HENKISTÄ	RYHTI
MIELI	HENGITYS
LIIKE	

70 - Café

```
F S A S F Z H W J H A F K B
V U L P W Z A W N M K A K U
G O K S P I P K I I A E F Y
O D U Y N H A O U N E T G W
P A P K T A N H C F O E Q Y
R T E A A S O K E R I N A C
K T R T I L J R U M A I T O
E A Ä K N L I U M W T P N Q
R A B E I M O R A C N P E J
M A Y R I S P M A A I U S U
A V A A E M E B K P H K T O
K C P J F Y A V F C M U E M
T F T U O S Q K M U S T A A
K R B Y K F Z D U T G A Q J
```

VESI   MAITO
KATKERA   NESTE
AROMI   AAMU
SOKERI   JAUHAA
HAPAN   MUSTA
JUOMA   ALKUPERÄ
KOFEIINIA   HINTA
KERMA   MAKU
SUODATTAA   KUPPI

71 - Libros

```
E  Z  M  A  J  O  T  R  E  K  U  N  S  V
S  B  A  N  I  R  A  T  U  F  L  I  A  W
F  C  C  E  W  F  K  C  K  N  N  W  N  R
R  Q  N  N  I  P  D  T  L  Y  O  U  A  K
D  I  G  I  L  T  F  I  R  K  S  U  T  O
U  P  O  T  U  S  K  K  K  N  M  M  S  K
L  R  N  S  C  U  O  E  T  D  L  B  B  O
I  O  U  I  K  M  N  K  S  E  E  H  W  E
A  M  R  R  Q  I  T  S  D  A  K  H  C  L
K  A  V  O  E  H  E  E  U  T  R  I  E  M
K  A  A  M  T  F  K  L  Q  K  G  J  J  A
I  N  I  U  V  I  S  I  N  Z  B  Y  A  Ä
E  I  A  H  Q  B  T  Ä  L  U  K  I  J  A
S  R  G  H  Y  L  I  S  O  H  H  F  O  V
```

TEKIJÄ	LUKIJA
SEIKKAILU	KERTOJA
KOKOELMA	ROMAANI
KONTEKSTI	SANAT
SKRIFTLIG	SIVU
TARINA	RUNO
HUMORISTINEN	RUNOUS
UPOTUS	SARJA
KEKSELIÄS	

72 - Los Medios de Comunicación

```
F  L  A  U  S  U  N  T  O  T  G  A  V  V
A  H  T  J  U  L  K  I  N  E  N  E  I  J
K  A  B  I  S  U  T  U  L  U  O  K  E  S
T  P  W  U  B  Y  D  M  R  W  T  S  Y
A  E  W  S  T  D  U  J  T  Q  R  F  T  K
Z  B  O  G  I  Q  T  C  E  P  Q  A  I  S
V  S  A  N  O  M  A  L  E  H  T  I  N  I
W  E  N  C  H  L  V  Q  T  Y  M  R  T  L
A  Q  R  N  A  P  U  N  N  D  M  T  Ä  Ö
D  T  Z  K  R  P  K  W  E  O  W  S  K  S
A  S  S  O  K  R  E  V  S  J  I  U  B  W
N  D  A  L  S  O  N  I  A  P  H  D  S  K
P  A  I  K  A  L  L  I  N  E  N  N  A  B
K  A  U  P  A  L  L  I  N  E  N  I  Z  R
```

ASENTEET	YKSILÖ
KAUPALLINEN	INDUSTRI
VIESTINTÄ	PAIKALLINEN
PAINOS	LAUSUNTO
KOULUTUS	SANOMALEHTI
VERKOSSA	JULKINEN
RAHOITUS	RADIO
KUVAT	VERKKO
FAKTA	

73 - Nutrición

```
T E R V E Y S R K T U W L K
R V I N E Z I U A S E J G A
J I N I I E T O R P F R V E
F Z B B L F R A B Y N C V B
D D C K A Q U N O N I A P E
M U I U Q O O S H V M R N K
M Y R K K Y K U Y K I V G I
P M O A E I A L D A S L J T
T G L M Z J V A R T Y W J S
L A A T U I A T A K Ö F N A
T L K B G F L U T E T K Y K
N J M H G O I S E R Ä C J E
U L A H A K O U R A V P K D
P R K Ä Y M I N E N Ä C H C
```

KATKERA
RUOKAHALU
LAATU
KALORI
KARBOHYDRATER
VILJA
SYÖTÄVÄ
RUOKAVALIO
RUOANSULATUS

KÄYMINEN
PAINO
PROTEIINI
MAKU
KASTIKE
TERVEYS
TERVE
MYRKKY

74 - Edificios

```
O I R O T A V R E S B O V O
S A D H E T W F I T I U N C
O V O Y M Z Y N R A D O Q S
H U O N E I S T O D Q T N U
Q K S G F Q R G I I N O F P
I O R A R E I E T O U R K E
W L U P I V L K T N L N O R
S E I C L R L P K T U I U M
F B L C L I A F S B A Z L A
P O L U E M T A T I N E U R
D V E T T U O E L W N L T K
L A T O S S T C Y A I Z I E
A J O E O E U S U K L H Y T
O E H K H O A M A A T I L A
```

HOSTELLI
HUONEISTO
LINNA
ELOKUVA
KOULU
STADION
TEHDAS
AUTOTALLI
LATO

MAATILA
SAIRAALA
HOTELLI
MUSEO
OBSERVATORIO
SUPERMARKET
TEATTERI
TORNI

75 - Océano

```
K A T K A R A V U T P K M Z
I N I I F L E D E V Y I A H
L E V Ä T Y J Q A S K U N R
L G N N A V E D I T U F E A
A O P E V A L A S T G O T P
R H A G V L W T A U P H L U
O V C W I A W T I N E I S A
K V S K L K J U R F A P G F
M O S T E R I I E I O T N M
B Y J W R G A R K S H K I Z
J B R C N Q Y E N K N L U B
G R J S B D M S A Y V P H T
A N R D K M U S T E K A L A
T Z Y E S Y E U V B U O P H
```

LEVÄT
ANKERIAS
RIUTTA
TUNFISK
VALAS
VENE
KATKARAVUT
RAPU
KORALLI
DELFIINI

SIENI
TIDEVANN
MANET
OSTERI
KALA
MUSTEKALA
SUOLA
HAI
MYRSKY

76 - Ciudad

```
K Y Q N M A P T E E K K I K
I L Z H D A S T A D I O N I
R I P Y C I R E T T A E T R
J O P A D I N K K E S K B J
A P B R N Q W W K J F I U A
S I W I Q K A K K I N I L K
T S E P I E K A C L N S U A
O T M U S E O I T E V A O U
E O B A N L V R U I A V K P
K A U P P A J E S P H U H P
H O T E L L I L U O T K W A
R A V I N T O L A M F O F G
L T B Q L V U A M O U L K B
D U Y J T H Y G W J L E E I
```

LUFTHAVN
PANKKI
KIRJASTO
ELOKUVA
KLINIKKA
KOULU
STADION
APTEEKKI
GALLERIA

HOTELLI
KIRJAKAUPPA
MARKKINA
MUSEO
LEIPOMO
RAVINTOLA
TEATTERI
KAUPPA
YLIOPISTO

77 - Deporte

```
U W L M W U D U P D R W H A
L V I A K H V N Y S O J I I
T A H K K O E S Ö U C F L Y
V H A S S A R R M K Y K Y
A V K I S G J I Ä E L U U T
L U S M K Y R I I S G I V K
M U E O I E D B L T W C O F
E S T I O W H Ä Y I J A W S
N C D D M O A O N V E J V I
T V F A T I S S N A T H N D
A T A V O I T E K R N B R A
J R U O K A V A L I O C A U
A U R H E I L U N O L V T G
O O H J E L M O I D A M Q U
```

URHEILIJA
TANSSIT
KYKY
SYDÄN
PYÖRÄILY
KEHO
URHEILU
RUOKAVALIO

VALMENTAJA
VAHVUUS
LUUT
MAKSIMOIDA
TAVOITE
LIHAKSET
RAVITSEMUS
OHJELMOIDA

78 - Actividades y Ocio

```
N F L O G H K M A A L A U S
Y H W V S S H I N P V H S C
R A U S N T S G L Q R Y L A
K R Z E G B O A V P W O O M
K R K D Q G S K I M A L O P
E A S O Q J A G S W C L U I
I S O L R L L A B E S A B N
L T Y P G I S V V D T P V G
Y U R K N O P P M I P A T Y
M K L S U T S A L A K K V P
T S I N N E T S L T K L M T
K E M A G H S U L L E A V H
B T C A V N U I M A O J L V
A L A I N E L A U T A I L U
```

HARRASTUKSET
TAIDE
KORIPALLO
BASEBALL
NYRKKEILY
CAMPING
KILPA
OSTOKSET

JALKAPALLO
GOLF
UIMA
KALASTUS
MAALAUS
VAELLUS
LAINELAUTAILU
TENNIS

79 - Ingeniería

```
R  P  R  O  P  U  L  S  I  O  N  E  K  J
A  W  F  P  P  Q  F  P  U  B  U  L  K  N
K  E  Y  P  I  R  M  Q  O  L  P  M  U  E
E  N  L  A  S  K  E  M  I  N  E  N  L  S
N  E  Z  B  R  S  Y  Y  V  Y  S  K  M  T
N  R  V  A  K  A  U  S  A  A  R  V  A  E
E  G  N  A  J  I  S  I  A  K  L  A  H  J
M  I  L  E  S  K  A  E  K  O  Z  T  K  U
I  A  R  J  K  B  E  Y  G  O  N  W  C  W
T  K  I  T  K  A  O  F  A  Q  N  K  T  B
T  G  Z  O  S  L  K  Y  L  E  S  E  I  D
A  G  B  U  P  I  V  A  H  V  U  U  S  I
U  S  B  M  O  O  T  T  O  R  I  E  D  A
S  R  A  K  E  N  T  A  M  I  N  E  N  W
```

KULMA	RAKENNE
LASKEMINEN	KITKA
RAKENTAMINEN	VAHVUUS
KAAVIO	NESTE
HALKAISIJA	KONE
DIESEL	MITTAUS
JAKELU	MOOTTORI
AKSELI	VIPU
ENERGIA	SYVYYS
VAKAUS	PROPULSIO

80 - Comida #1

```
Z Q V L G S N A U R I S M L
F W P N A F A T U N F I S K
A A E N N B R L K A N E L I
H N E Z U W H F A O A O K R
E Z Z B U D O R P A T U I E
D P Ä Ä R Y N Ä S N T T A K
I S P E T D A H I L S T O O
D A L U I C L T P I V N I S
M E H U S A O T U M A I T O
I S Q N R K U C L B Y M W N
S Y S N I H S T I S S U Q M
P I N A A T T I K D P Q V M
Z B P B A S I L I K A S R N
R M L Y J J M A N S I K K A
```

BASILIKA	MANSIKKA
TUNFISK	MEHU
SOKERI	MAITO
KANELI	SITRUUNA
LIHA	MINTTU
OHRA	NAURIS
SIPULI	PÄÄRYNÄ
SALAATTI	SUOLA
PINAATTI	SUPPE

81 - Antigüedades

```
E  V  E  V  H  K  O  R  I  S  T  E  H  H
K  P  S  N  T  U  R  O  K  V  M  D  I  U
V  N  Ä  U  T  S  O  T  S  I  E  V  N  U
J  Z  K  T  V  I  P  N  I  L  Y  Y  T  T
O  T  I  A  A  F  S  K  E  F  K  D  A  O
V  O  L  A  J  V  U  Ö  A  K  S  C  D  K
R  K  Y  L  A  W  A  Y  I  Z  A  O  P  A
A  I  Y  C  T  Q  V  L  F  N  Q  L  E  U
H  L  T  E  S  M  H  D  L  G  T  U  U  P
N  O  E  D  A  Z  E  G  V  I  J  I  E  P
A  K  A  I  R  E  L  L  A  G  N  S  F  A
V  P  G  A  R  E  K  S  Y  S  K  E  D  S
Y  L  A  T  A  S  I  S  O  U  V  I  N  E
A  N  G  I  H  V  S  I  J  O  I  T  U  S
```

TAIDE	SIJOITUS
AITO	KORUT
LAATU	KOLIKOT
KORISTE	HUONEKALU
TYYLIKÄS	HINTA
HARRASTAJA	ENTISÖINTI
VEISTOS	VUOSISATA
TYYLI	HUUTOKAUPPA
GALLERIA	ARVO
EPÄTAVALLINEN	VANHA

82 - Literatura

```
A A T R A G E D I A K K R T
N H N M E T A F O R A E Y E
E A D N E N I L L O N U R T K
L D I U K M C E K G P T M I
O W N A M D Y H V P M O I J
G H Q M L V O H J N T J J Ä
I Z D E K O E O E W P A U V
A N A E E Q G R T T Y Y L I
F I K T I O T A T T Y P Y N
K U V A U S S E G A I S G A
A N A L Y Y S I A P I P Z A
R U N O H F O C Z F V L R M
P Ä Ä T E L M Ä D D C S U O
E L Ä M Ä K E R T A T W E R
```

ANALOGIA
ANALYYSI
ANEKDOOTTI
TEKIJÄ
ELÄMÄKERTA
VERTAILU
PÄÄTELMÄ
KUVAUS
DIALOG
TYYLI

FIKTIOTA
METAFORA
KERTOJA
ROMAANI
RUNO
RUNOLLINEN
RYTMI
TEEMA
TRAGEDIA

83 - Química

```
H I N O R T K E L E H K E E
V O O N H P C T T O A A N L
K N Z I W I Y N V B P T T M
R I R A N V I E A B P A S E
O E V P K E Z L L H O L Y T
F P A Z I T J K I C S Y Y A
P M Y K H Y U A T O K S M L
J Q D H T R D A Ö G L A I L
W I I S A I K S P E O T D I
M Q N G L P O U M Z O O Y T
H U Z I O Ö P M Ä L R R N U
E Y M W U Y I I L G I U S V
N E N I S K Ä M E N E S T E
M O L E K Y Y L I J Y L A Q
```

EMÄKSINEN	IONI
HAPPO	NESTE
LÄMPÖ	METALLIT
HIILI	MOLEKYYLI
KATALYSATOR	YDIN
KLOORI	HAPPI
ELEKTRONI	PAINO
ENTSYYMI	REAKTIO
KAASU	SUOLA
VETY	LÄMPÖTILA

84 - Gobierno

```
W K N O J S U T I T S N O K
K A I Y R U S A L H D D H A
A N M N P A Y S U E K I O N
N S T D E P M A G P R C F T
S A R H P A B A J W Z W I V
A L C N A V O R V A L T I O
L A V S Q I L V I W T M R V
L I R I I P I O A S E H U P
I S H P M S I V I I L I O E
N U R A U H A L L I N E N J
E U L A K I R E T T S L I G
N S K A N S A K U N T A Z J
F D M O N U M E N T T I K L
K E S K U S T E L U I O C F
```

KANSALAISUUS
SIVIILI-
KONSTITUSJON
PUHE
KESKUSTELU
PIIRI
VALTIO
TASA-ARVO
RETTSLIG

OIKEUS
LAKI
VAPAUS
JOHTAJA
MONUMENTTI
KANSALLINEN
KANSAKUNTA
RAUHALLINEN
SYMBOLI

85 - Creatividad

```
K Q G P T U N N E I I T V E
D E A I T O U S W L S N A H
S T K S P W U L A M U E I C
H A I S I D L M Q A T N K U
A T I O E D I N I I I U S
S I N K L L E N H S V L T U
E O A E T K I R T U U L E U
L I A I A Y U Ä J U K E L V
K S T Q I F L V S G I E M E
E I N V T F Z D A Y L T A S
Y V O Z O O Q U E C E I I K
S K P S P A D N M K I A C O
U S S U T I O N N I M T I U
D R A M A A T T I N E N I J
```

TAITEELLINEN   KUVA
AITOUS   MIELIKUVITUS
SELKEYS   VAIKUTELMA
DRAMAATTINEN   INNOITUS
SPONTAANI   INTUITIO
ILMAISU   KEKSELIÄS
JUOKSEVUUS   TUNNE
TAITO   VISIOITA
IDEOITA

86 - Clima

```
T W U M U S M B W S V D L S
U R K I P U O D A N R O T M
L W K L M U N E N I A M L I
V O O M B V S J V I V L I P
A U N A Y I U A Ä E I Ä N Z
S O E S K U U V V Ä C M A C
T A N T S K N M G I N P A A
E J L O R R I U Y G A Ö K Y
O U K A Y I Q E V H C T I Z
B V N D M R L G U V D I R T
K U I V A A W E V Y V L R U
R A U H A L L I N E N A U U
G K G I U O J V A B K Y H L
Z N E N I P P O O R T A P I
```

ILMAINEN	POLAR
RAUHALLINEN	SALAMA
TAIVAS	KUIVA
ILMASTO	KUIVUUS
JÄÄN	LÄMPÖTILA
HURRIKAANI	MYRSKY
TULVA	TORNADO
MONSUUNI	TROOPPINEN
SUMU	UKKONEN
PILVI	TUULI

87 - Comida #2

```
A M U N A D I L E C K I J A
N Q V F V Q V G A H I N L U
E S Q A D T Q E L P I K A R
M A N T E L I S H Q V I H I
O S I O K A N U M N I V Y N
P J T T P Y A K Y R Ä Ä A G
K O T K I S A L V S U Ä R O
I G A L R A N A K U O R T N
R U A R E T A A M N O I I K
S R M Y L I B F A P T H S U
I T O P L S P R I I S I O K
K T T Ä E N V Ä K V U O K K
K I H L S H N F G E U U K A
A M Y E R V B P Z F J M A I
```

ARTISOKKA	KIIVI
MANTELI	OMENA
SELLERI	LEIPÄ
RIISI	BANAANI
MUNAKOISO	KANA
KIRSIKKA	JUUSTO
SUKLAA	TOMAATTI
AURINGONKUKKA	VEHNÄ
MUNA	RYPÄLE
INKIVÄÄRI	JOGURTTI

88 - Diplomacia

```
K  L  K  E  J  J  R  A  T  K  A  I  S  U
E  I  I  O  H  K  N  T  Z  O  B  O  P  C
S  M  N  I  N  E  D  J  Q  I  O  E  O  Z
K  R  E  Y  T  F  Y  V  N  K  R  W  L  N
U  G  U  H  A  T  L  S  B  E  G  A  I  H
S  E  V  T  J  Y  O  I  B  U  E  Ö  T  A
T  T  O  E  N  H  S  L  K  S  R  T  I  L
E  I  N  I  A  T  O  E  A  T  E  S  I  L
L  I  A  S  P  E  P  I  P  I  I  Y  K  I
U  K  N  T  M  I  I  K  Ä  P  N  T  K  T
M  K  T  Y  A  S  M  P  Ä  U  O  E  A  U
I  A  A  Ö  K  Ö  U  H  T  B  T  H  N  S
B  G  J  T  H  R  S  F  Ö  E  C  Ä  M  H
Q  H  A  Z  Y  A  R  S  S  O  E  L  D  E
```

LIITTOLAINEN	ETIIKKA
NEUVONANTAJA	HALLITUS
KAMPANJAT	KIELI
BORGERE	EHEYS
YHTEISÖ	OIKEUS
KONFLIKTI	POLITIIKKA
YHTEISTYÖ	PÄÄTÖS
KESKUSTELU	RATKAISU
LÄHETYSTÖ	SOPIMUS

89 - Herbostería

```
M K U K K A S S K Q P M W R
V A S O S E N I A C U A H O
T K K R A K U U N A U U W S
U D V U T T N I M J T S P M
V I H R E Ä V R M L A T E A
L R V W F O P G R U R E R R
I A B A S I L I K A H S S I
F C A W P V E M U B A A I I
S G F T N S A A C Y R H L N
O T S K U A O R N K Y R J I
T I L L I K H I D Y U A A D
P Y I L E T N E V A L M L T
F E N K O L I M H L A I I T
P A R O M A A T T I N E N P
```

BASILIKA
AROMAATTINEN
MAUSTESAHRAMI
LAATU
TILLI
RAKUUNA
KUKKA
FENKOLI
AINESOSA

PUUTARHA
LAVENTELI
MEIRAMI
MINTTU
PERSILJA
KASVI
ROSMARIINI
MAKU
VIHREÄ

90 - Energía

```
E M T F R M V B M T A L H P
P R T O E O R E U S Y Ä Q O
K Q Q T D O A K T S F M F L
A I P O R T N E B Y N P R T
C G S N S T R U Y N K Ö B T
S W V I N O R T K E L E E O
K R I R Y R Y Ö H N E T N A
A V U T U I S U U I S U S I
R A K S T U U L I Ö E R I N
G K M U Z U Z Q Q K I B I E
U K M D H Z U W Q H D I N G
C U T N I D Y N O Ä I I I R
J Q T I L I I H J S P N R E
A U R I N K O R U P I I W M
```

AKKU
LÄMPÖ
HIILI
POLTTOAINE
DIESEL
ELEKTRONI
SÄHKÖINEN
ENTROPIA
FOTONI
BENSIINI

VETY
INDUSTRI
MOOTTORI
YDIN
UUSIUTUVA
AURINKO
TURBIINI
HÖYRY
TUULI

91 - Insectos

```
N O T N E R O K N E D U S Q
Z E E U P U G I C I C A D A
C L N E P L D R G M O L K N
C E R O O W T P W G Q K Q S
H P O M H N N P M A T O O A
Y P H S S R A U T O U K K A
T Ä Q M S A E T O R A K K A
T K I J E T M P S I R K K A
Y E Q Z R A M P I A I N E N
N R K K G T E R M I I T T I
E T T L E Z A L D K I R V A
N T M E H I L Ä I N E N B O
J U M U U R A H A I N E N R
H E I N Ä S I R K K A P Z D
```

MEHILÄINEN	SUDENKORENTO
AMPIAINEN	SIRKKA
HORNET	PERHONEN
KIRVA	LEPPÄKERTTU
CICADA	HYTTYNEN
TORAKKA	KOI
MATO	KIRPPU
MUURAHAINEN	HEINÄSIRKKA
GRESSHOPPE	TERMIITTI
TOUKKA	

92 - Especias

```
H  Z  D  W  I  R  Ä  Ä  V  I  K  N  I  B
Z  A  K  U  K  A  R  D  E  M  U  M  M  A
G  O  P  C  U  R  R  Y  I  A  B  F  K  L
H  M  B  A  O  I  Z  C  L  R  E  G  T  O
A  J  L  I  N  A  V  R  U  H  Z  K  V  U
K  A  T  K  E  R  A  W  P  A  K  T  A  S
K  M  T  R  I  L  U  P  I  S  V  R  I  M
K  U  Q  A  Y  P  O  D  S  E  Q  G  L  I
Y  F  M  K  C  J  M  E  O  T  U  S  O  R
N  J  F  I  L  E  N  A  K  S  M  A  K  U
S  G  E  R  N  W  R  O  L  U  U  W  N  P
I  E  J  P  R  A  J  S  A  A  K  R  E  P
G  U  C  A  A  N  I  S  V  M  K  K  F  I
W  F  Y  P  L  A  K  R  I  T  S  I  G  P
```

HAPAN	CURRY
VALKOSIPULI	MAKEA
KATKERA	FENKOLI
ANIS	INKIVÄÄRI
MAUSTESAHRAMI	PAPRIKA
KANELI	PIPPURI
KARDEMUMMA	LAKRITSI
SIPULI	MAKU
KYNSI	SUOLA
KUMINA	VANILJA

93 - Emociones

```
R  G  G  H  N  H  W  K  E  H  M  S  A  H
S  A  A  T  T  U  T  U  U  S  F  Q  O  E
I  C  U  R  A  U  H  A  I  J  N  D  J  L
S  T  H  H  V  E  W  F  L  S  Y  R  U  P
Ä  A  N  A  A  S  S  I  O  N  N  I  S  O
L  R  I  C  I  L  K  U  P  E  L  K  O  T
T  H  N  E  N  I  L  L  A  H  U  A  R  U
Ö  R  E  N  T  O  K  I  O  I  H  G  R  S
B  H  E  L  L  Y  Y  S  S  U  P  W  A  A
Y  L  L  Ä  T  Y  S  F  I  U  S  M  K  U
M  Y  Ö  T  Ä  T  U  N  T  O  U  P  K  T
K  I  I  T  O  L  L  I  N  E  N  S  A  U
T  Y  Y  T  Y  V  Ä  I  N  E  N  E  U  U
S  U  R  U  L  L  I  S  U  U  S  S  S  S
```

KIITOLLINEN
ILO
HELPOTUS
RAKKAUS
AUTUUS
RAUHALLINEN
SISÄLTÖ
INNOISSAAN
SUUTUTTAA

PELKO
RAUHA
RENTO
TYYTYVÄINEN
MYÖTÄTUNTO
YLLÄTYS
HELLYYS
RAUHALLISUUS
SURULLISUUS

94 - Universo

```
K T G I G A P I M E Y S P M
E A A M E T S A S U U T I P
D A U I K U U T S H K N Q N
E L U K V L A H E N F S I Ä
I I Q I O A J T K R T A R K
T L O W Q P A Y L Q O V N Y
I M Y P L J U L J W H I Q V
T A N F Q C E T L N S A D Ä
H I M L L Q J J K I K T E I
Ä N A U R I N K O I N Q O U
T E G A L A K S I D N E N J
O N L E V E Y S A S T E N E
P Ä I V Ä N T A S A A J A P
P Ä I V Ä N S E I S A U S R
```

ASTEROIDI
TÄHTITIEDE
ILMAINEN
TAIVAALLINEN
TAIVAS
PÄIVÄNTASAAJA
EON
GALAKSI
HALVKULE

LEVEYSASTE
PITUUSASTE
KUU
PIMEYS
AURINKO
PÄIVÄNSEISAUS
KAUKOPUTKI
NÄKYVÄ

95 - Jazz

```
T U M M U R M Q I E S J P I
S Y G L A S I U L U U K A M
U K Y I K K I I S U M I I P
O Y U L K B J B G L U Z N R
S K O J I R K D W U T T O O
I A R R I T Y V O A S A T V
K N K A N J T T N L O L U I
I V E G K S M R M Z O B S S
T N S K E L Q N E I K U Q A
Z G T Q T L A J I S T M K A
K J E Z H T D M R U N I V T
Q G R E U Z Z N T U M O O I
B O I S Ä V E L T Ä J Ä K O
T A I T E I L I J A H N A V
```

TAITEILIJA	LAJI
ALBUMI	IMPROVISAATIO
LAULU	MUSIIKKI
KOOSTUMUS	UUSI
SÄVELTÄJÄ	ORKESTERI
KONSERTTI	RYTMI
TYYLI	KYKY
PAINOTUS	RUMMUT
KUULUISA	TEKNIIKKA
SUOSIKIT	VANHA

96 - Mediciones

```
S Y V Y Y S T O N N I T M O
S Y E V E L T A V U A N W F
J E T K G Q U S R K S B T A
D A N B E E S I R A T T I M
E O C T R E F Q F N E M R M
S S K B T U N S S I C A T A
I U Z E A I N L A V A S E R
M U E H A M M A R G M S M G
A T E K T H A E L A U A O O
A I T F R U L K T I U H L L
L P D Z W O V O B R T D I I
I P A I N O K S Q Z I R K K
M I N U U T T I N N Q N A K
T I L A V U U S U T N U E Q
```

KORKEUS
LEVEYS
TAVU
SENTTIMETRI
DESIMAALI
ASTE
GRAMMA
KILOGRAMMA
KILOMETRI
LITRA

PITUUS
MASSA
MITTARI
MINUUTTI
UNSSI
PAINO
SYVYYS
TUUMA
TONNI
TILAVUUS

97 - Barcos

```
P E L A S T U S V E N E E K
A B K H U L P J A A L T O A
C O A C T A M P Ä H O L I N
M U T F J U Z V I R B M C O
Q A N R A T O R Z Q V B Ö O
L E S B O T Y L D Z E I T T
O Q A T E A R A V W N F S T
T L I R O T T O O M E R I I
V A L T A M E R I P V P H S
A N K K U R I P P J E O E Y
J V O C K A J A K K J I I Ö
J O M E R I M I E S R J M K
D T K Q Y E H C T Y U U F Q
I C N I L T F Z F S P Q Q P
```

ANKKURI
LAUTTA
PELASTUSVENE
POIJU
KANOOTTI
KÖYSI
KAJAKK
JÄRVI
MERI

MERIMIES
MASTO
MOOTTORI
VALTAMERI
AALTO
JOKI
MIEHISTÖ
PURJEVENE

98 - Antártida

```
M F A L I T Ö P M Ä L T S N
A I T S P I L V I N M M Ä S
G B N Ä Ä J C U Q O D N I J
W L U E D E I T N A A M L K
A S K E R N W N R A C M Y I
P W I Q E A R I D M P Y T S
F V K T W J A L B I I S T B
N O T T U U M L Z M C P Ä R
E U E L A H T I I E Z G M E
N Y R S P T U T K I J A I E
S A A R E T L Q C N O Z N R
V E S I K I V I N E N T E J
P I N G V I I N I T U K N G
B A M A A N O S A B T G G W
```

VESI   SAARET
LAHTI   MUUTTO
SÄILYTTÄMINEN   MINERAALI
MAANOSA   PILVI
RETKIKUNTA   LINTU
MAANTIEDE   NIEMIMAA
ISBREER   PINGVIINIT
JÄÄN   KIVINEN
TUTKIJA   LÄMPÖTILA

99 - Mamíferos

```
H  K  U  K  I  R  A  H  V  I  T  D  Z  K
P  Ä  F  W  S  K  U  K  N  F  S  C  T  E
C  F  R  Q  A  P  A  L  J  P  L  A  A  T
N  V  I  K  D  E  L  F  I  I  N  I  A  T
W  H  A  N  Ä  P  D  U  B  S  L  C  M  U
G  O  J  N  O  R  S  U  R  U  G  N  E  K
D  K  N  E  I  B  H  K  Q  S  G  J  G  K
H  E  V  O  N  E  N  K  O  I  R  A  O  O
K  A  N  I  M  O  V  N  E  L  P  S  R  J
I  U  E  R  E  W  N  A  Q  E  V  S  I  O
V  E  V  C  D  O  W  N  L  M  Y  I  L  O
K  A  R  H  U  I  Z  E  B  A  I  K  L  T
D  R  L  L  A  M  M  A  S  K  S  Y  A  T
S  E  E  P  R  A  N  I  P  A  J  G  M  I
```

VALAS	KISSA
AASI	GORILLA
HEVONEN	KIRAHVI
KAMELI	SUSI
KENGURU	APINA
SEEPRA	KARHU
KANI	LAMMAS
KOJOOTTI	KOIRA
DELFIINI	HÄRKÄ
NORSU	KETTU

100 - Abejas

```
K H Y Ö N T E I N E N C Z D
P U A U R I N K O Q Z H M H
A I N I I F A R A P H R F N
R K D I M E E T S Y S O K E
V U Z N N S A V U Y P T I N
I K B U A G R H M F U A S I
P K T I V S A K H T U N I L
W A R W N J E T H G T I I L
J C L A M L F E A C A L T Y
P F R U O K A V J R R L E D
G E K U K A T I A O H O P Ö
P B S I R V B I N H A P Ö Y
B G A Ä J R U S U O Q Q L H
H E D E L M Ä A H N V B Y K
```

SIIVET	SAVU
HYÖDYLLINEN	HYÖNTEINEN
PARAFIINI	PUUTARHA
PESÄ	HUNAJA
RUOKA	KASVIT
EKOSYSTEEMI	SIITEPÖLY
PARVI	POLLINATOR
KUKKA	KUNINGATAR
KUKAT	AURINKO
HEDELMÄ	

1 - Agua

2 - Arqueología

3 - Granja #2

4 - Mueble

5 - Pesca

6 - Aviones

7 - Tipos de Cabello

8 - Ciencia Ficción

9 - Circo

10 - Granja #1

11 - Camping

12 - Fruta

13 - Geología

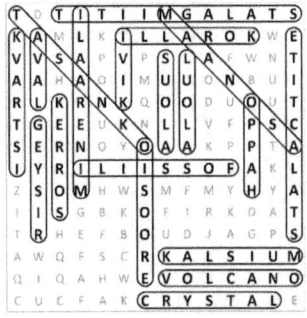

14 - Álgebra

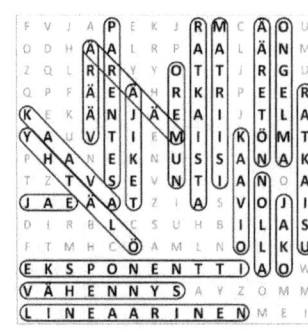

15 - Plantas

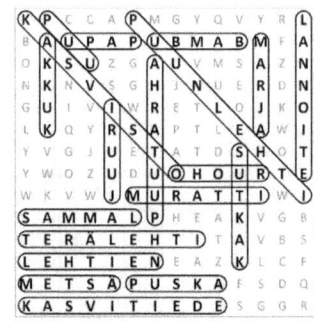

16 - Suministros de Arte

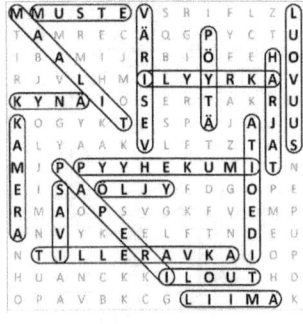

17 - Negocio

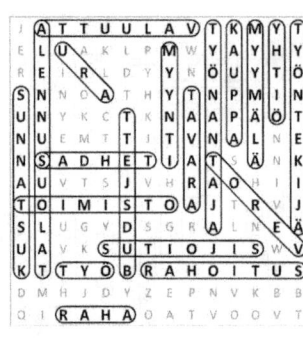

18 - Jardín

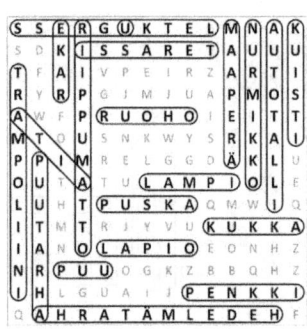

19 - Países #2

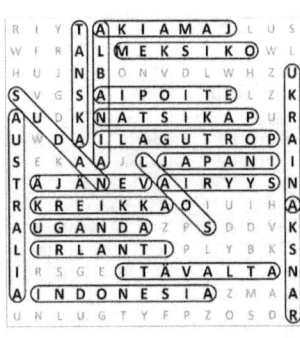

20 - Tecnología

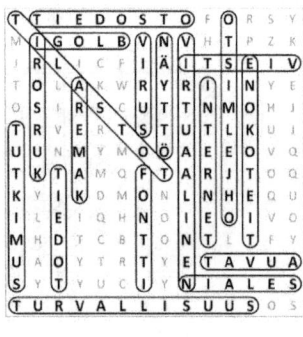

21 - Números

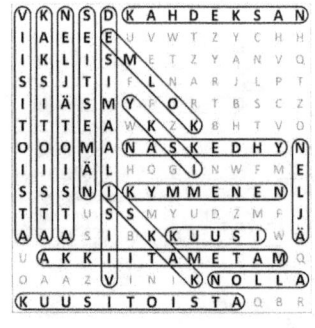

22 - Física

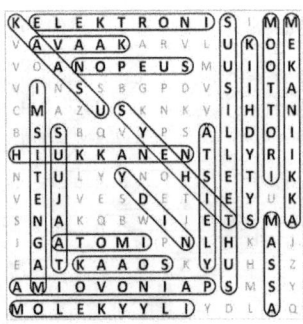

23 - Belleza

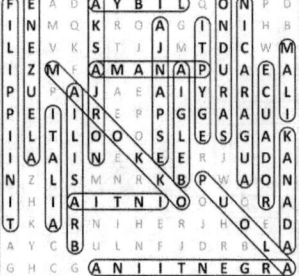

24 - Países #1

25 - Mitología

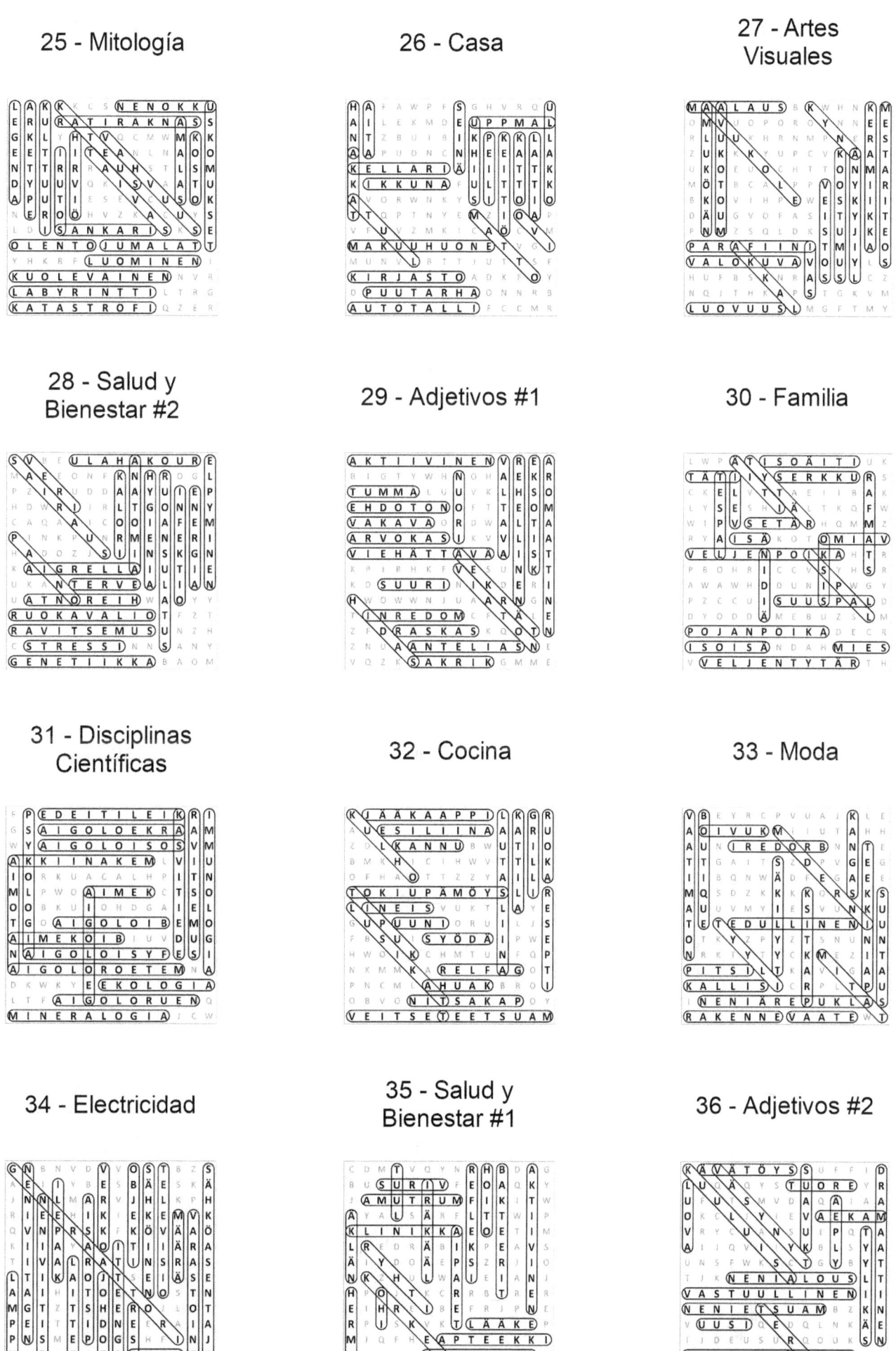

26 - Casa

27 - Artes Visuales

28 - Salud y Bienestar #2

29 - Adjetivos #1

30 - Familia

31 - Disciplinas Científicas

32 - Cocina

33 - Moda

34 - Electricidad

35 - Salud y Bienestar #1

36 - Adjetivos #2

37 - Cuerpo Humano

38 - Ciencia

39 - Restaurante #2

40 - Profesiones #1

41 - Vehículos

42 - Geometría

43 - Vacaciones #2

44 - Baile

45 - Matemáticas

46 - Restaurante #1

47 - Profesiones #2

48 - Naturaleza

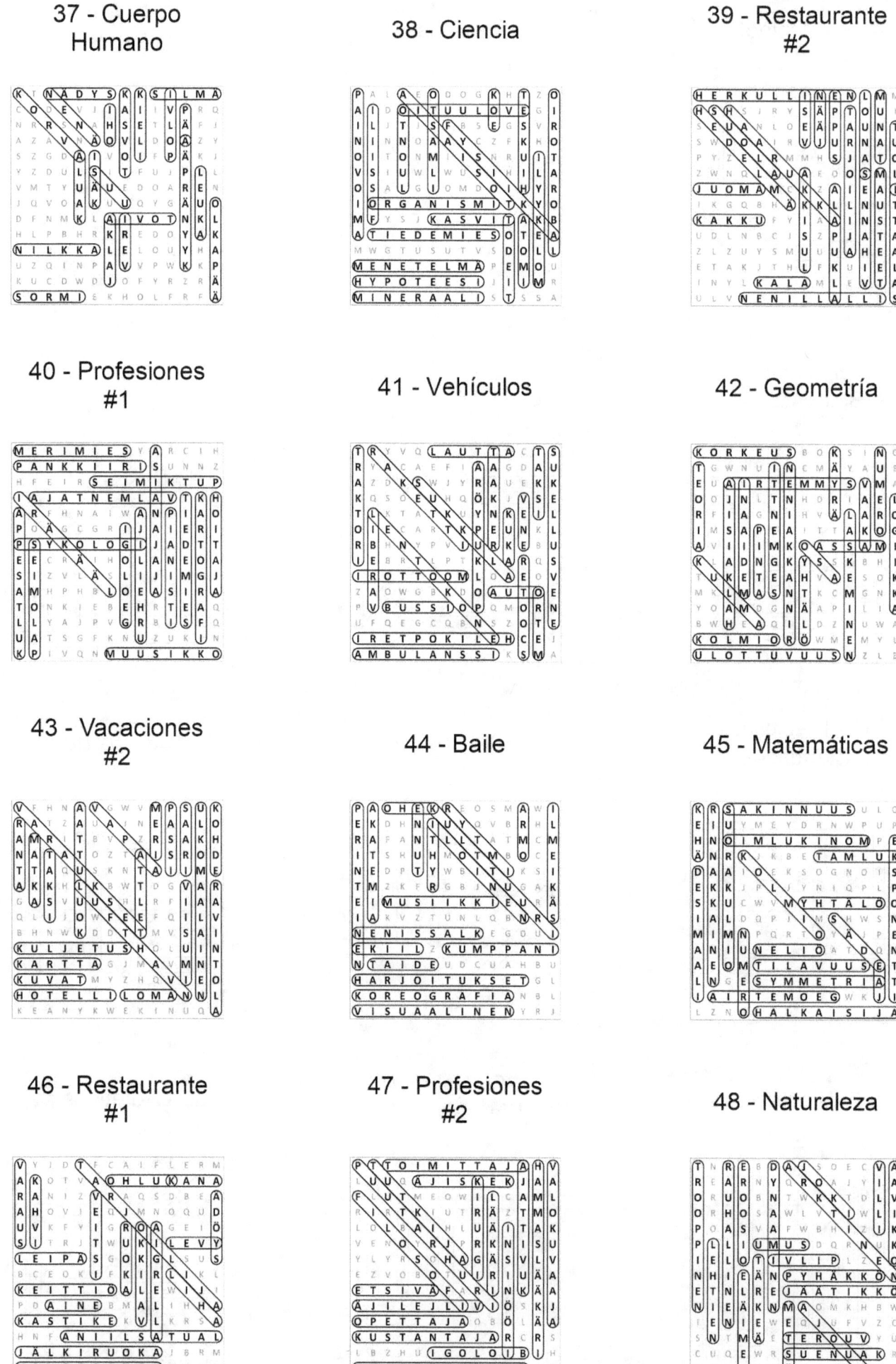

49 - Conduciendo

```
M O O T T O R I P Y Ö R Ä J
A K U K J K Z H E H M A
S U U M O T T E N N O O A
S T J T V A E N S L
A A O A U R E S N A
T K V D H N R N S T N
R A N O P E U S U E I E R P K
A V K A T U W Q T L S U
K U L J E T U S H A L I L
A M F V V A A R A Z A L V
T U R V A L L I S U U S H I
K T Y A U T O T A L L I I S
P O L T T O A I N E M Z J
```

50 - Ballet

```
T A I T E E L L I N E N I V
T A N S S I J A T L N L M
M I N T E N S I T E E T T I
Q S A K I E M L I M T Y R
H A R J O I T U K S E T J L
T M Y B Ä O R K E S T E R I
Y U L A T P F C T S U V
Y S E L L L A Z M A K N Y
L I I L E E C M I A U
I S E P N M A V I T H E E
Ö K Ö R I C Y M V Ä O I J
D K K T Y M Q H P S U
I U N T E K N I I K K A
P K Y A L L E T I O J R A H
```

51 - Fuerza y Gravedad

```
P A I N E M G P L K V Q
M A K S E L I A A N O
E A R M A K I A T I E P E U
S G K A T I E N S
K V K A I N A T U A A
I I B M T U T N U
T H S N S I Q U F I N F
H U A Y A T S U K S E N T
A F G C E U K L Ö Y T O
W D N N I I S R A I D L Q
Y L E I S T A S T U I A
E T Ä I S Y Y S T U J A
L I I K E W U I S Ö S I J
```

52 - Aventura

```
E I H W U Y K N L O H L N P
Y S G O D V S O M I H K Q
M R A H V R C T H A C V W E
V Y K A A N S A D T C L
F Q L E O L I K T E R V E K U
K M Y J K W D M H I A A S
V K S N E N I L L A R A A V I
U U S I U M B K O T N O U L
I A J A S J S U E N U A K Q
I N N O S T U S J I S W W Y
M A T K U S T A A M V I T
W K P I T N I O G I V A N
Y L L Ä T T Ä V Ä O L K L A
N E N I L L A V A T Ä P E
```

53 - Pájaros

```
K W L I H A N H I V I D S
J A A G A K Y Y H K Y N E N
H N U S T R U T S I M E
M A A K F N H D Q T I V N U
Q F K K E E U L I V G P
J A K A P O R P O G N R A
J A F Y S E A N T G N I V
B T N P B R S F N T I I A
P I O A J I A K U P A P U V
J O U T S E N A K S R K Z Z
K Ä K I T B Z L O K K I Z S
F L A M I N G O V A R I S P
P E L I K A A N I G E W P
K O T K A T O U K A A N I N
```

54 - Geografía

```
O G J C V D D A O I B C J K
M U U Y V E S I J G E N O
M H K D K A U P U N K I K R
P O H J O I N E N M A R I K
M Q E K A R T T A A A E U
E T S E A W L I B S A A U S
R I A L F A N G N S S M L V
I D P S U L U A A A M Ä T
D I C U K Y K M L A T E N S
A A T L A S W Y M F E N Q C
A N G I A B W H E G A Y W V A
I O P H L E V E Y S A S T E
```

55 - Música

```
D K E R T O S Ä E B E A U W
A L B U M I Ä Ä N I T E F S
R U N O L L I N E N Z V D A
H A R M O N I N E N E C D I
F J O P M E T Z D D N F B I
S W Y N A U M U U S I K K O
I B O Y W Q S R I J B S I V
L A U L A J A I Y B Ä R A O
H A R M O N I A I T V L L R
M I K R O F O N I K M L A P
F M N E N I S S A L K I D M
U L U A L A U L A A B I O
A K M V O O P P E R A P M
M E L O D I A Z G J E M
```

56 - Actividades

```
L U K E M I N E N H I Z I T
N V E N E E T I T O I
K E F U K D P E L I T O I
A Q N M T W I T A I K A A
L E V I A U Z P G K A A
A T U L E H T R A F T M N
S I O T V L T A D A C A I T
T U K U V A E P U U M T A
U V A T Y S A E P Z O S U Z
S A U Y L Y L O P L I S Q J
U F U S S U H W H Z W G E D A
B H S S S V T L E E R Q
```

57 - Verduras

```
R D K L G S O A N U R E P S
C A U G U H E U J B L A I F I
E K U R K K U L A D V P U
I R S B I V I I L O A O R L
A O T S O R E S T E N T I
R E T I I S I R O Ñ R S I O R
H E R N E R E M A U I O Ä
T T C Z U J V M A U I R S Ä V
S A L A A T T I A R E K I
K U R P I T S A T I I K A K N
P O R K K A N A T O A K
L D O L P R L N U M A A
P I N A A T T I Z C M W
V A L K O S I P U L I C L
```

58 - Instrumentos Musicales

```
P B A N J O R O G D T M
F A L S V M H S U P O L A M
A S Q H Q F N A L M Z A N N
Q U E M B C C U P F R B D O
N U N A R A P A L Ü Y P R L
A A N B P R I I N
O A B O I I T T O G A F S E H
B O T M S E L L O Y I O E R
E N G Z A B G O N G H A F
H U U L I H A R P P U K Q F
I T T E P M O N D U C T
H U I L U K I T A R A A M H
K L A R I N E T T I W V A F
```

59 - Mascotas

```
T E N N Y K A G I L U L U T
A J I A K U P A P Q L N Z E
S Z O I N A K V E S I Y Z Z
S U Q H K A H D I P U I Z M
U H L O K R U O K A S S I K
T I O U P O T S R Y P S R E
L S H V A N N O K I P L I K
I S A K E Y S Z U P I G
S K A P A U D V W F E Q L U
K A L A S M W F E O L U
W P U C V T H J Y U T E H
O P Y C M R I L R E Q V E U
J I U K O I R A R Y U Y G
```

60 - Formas

```
Z P N U M N R Ä R Y Ä K I S
M K X Z V I Y E D I S J
P Ö L I A E K I O S U C M Q
R I N Z C A O K I L H N D
I S M Y R K L T I Y P F A M
M U A Z T A K L A A K A B M
K A R I B U K I W K B M B S
P I B Z E L E N Q
E L L I P S I O L C L A
K Y M P Y R Ä L S J
A S P Y R A M I D I G O
K U U T I O I M L O K M C T
```

61 - Flores

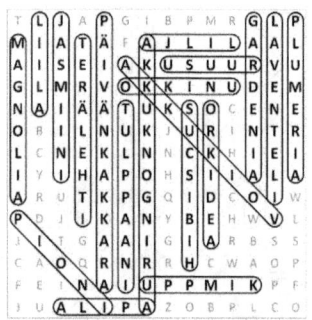

62 - Astronomía

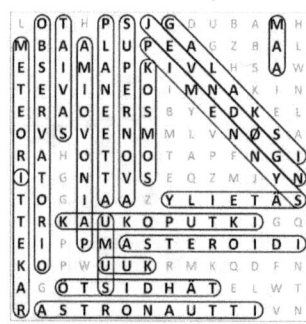

63 - Tiempo

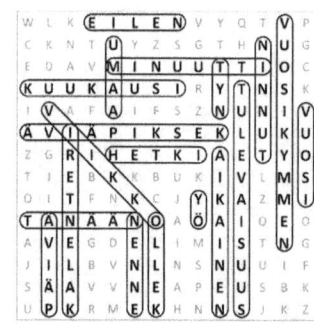

64 - Paisajes

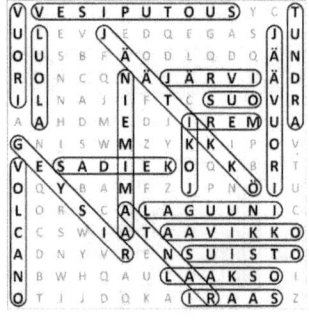

65 - Días y Meses

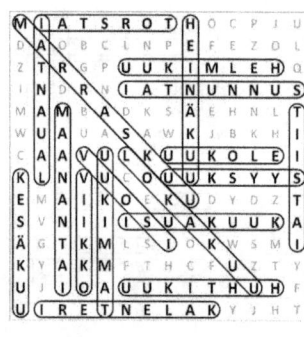

66 - Chocolate

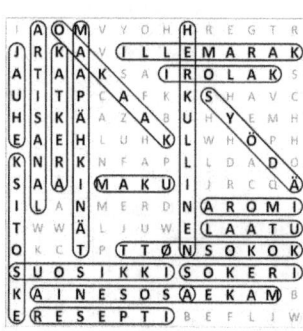

67 - Barbacoas

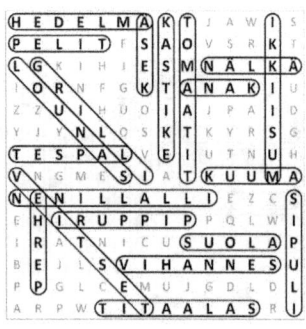

68 - Ropa

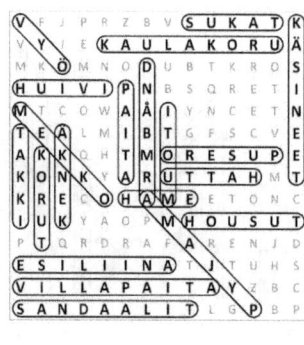

69 - Meditación

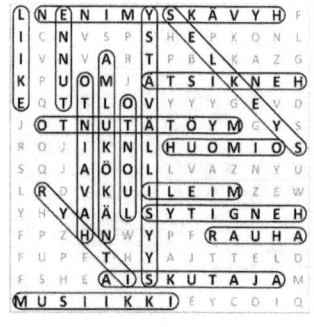

70 - Café

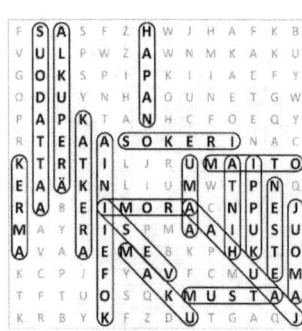

71 - Libros

72 - Los Medios de Comunicación

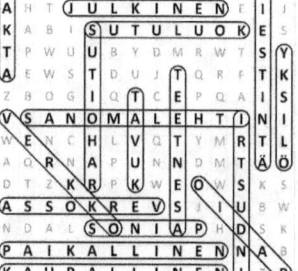

73 - Nutrición

74 - Edificios

75 - Océano

76 - Ciudad

77 - Deporte

78 - Actividades y Ocio

79 - Ingeniería

80 - Comida #1

81 - Antigüedades

82 - Literatura

83 - Química

84 - Gobierno

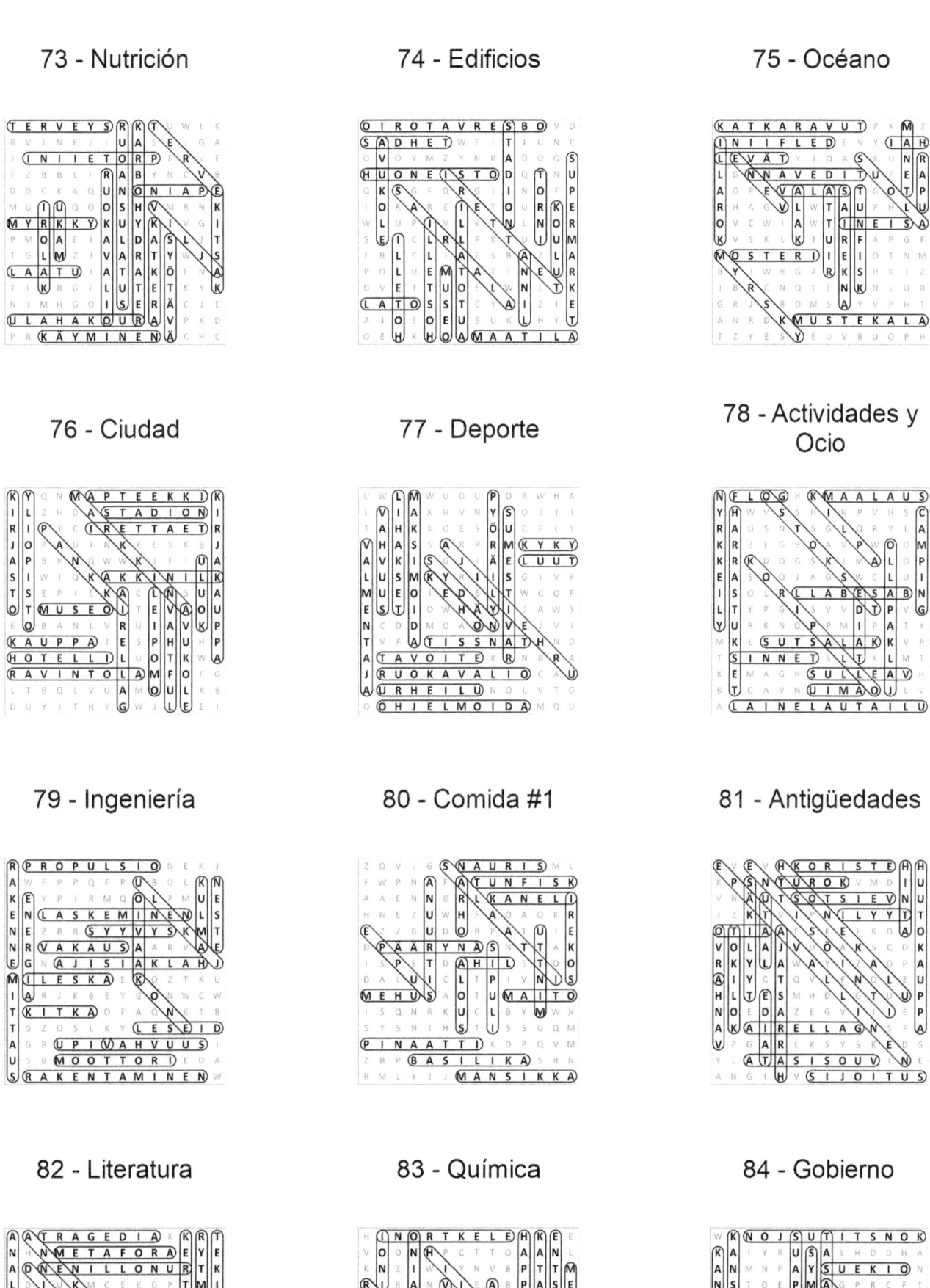

85 - Creatividad

86 - Clima
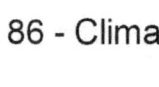
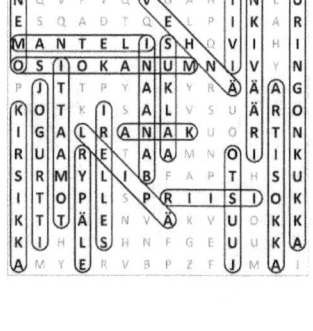

87 - Comida #2

88 - Diplomacia

89 - Herboristería

90 - Energía

91 - Insectos
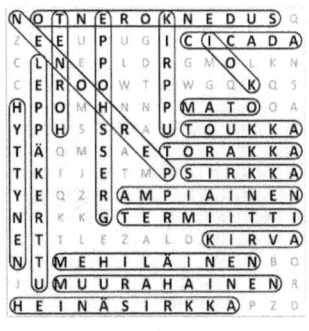

92 - Especias
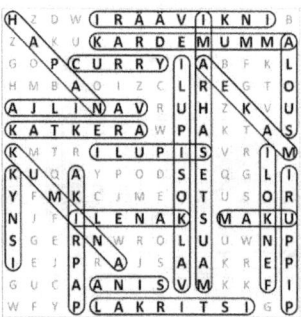

93 - Emociones
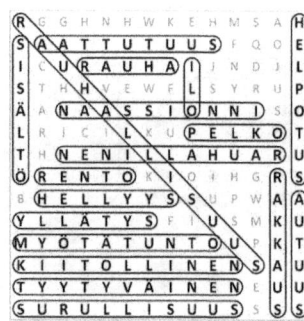

94 - Universo
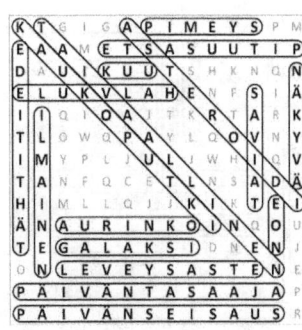

95 - Jazz
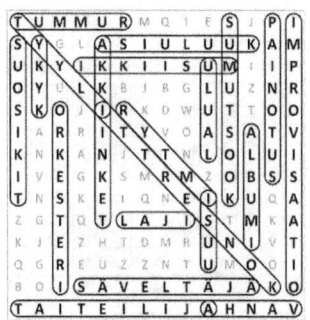

96 - Mediciones
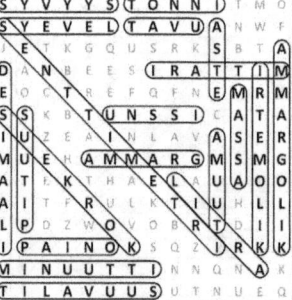

97 - Barcos

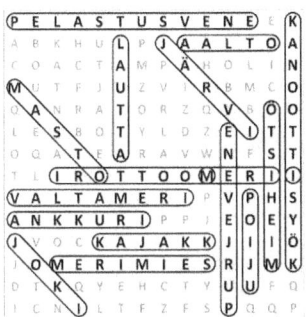

98 - Antártida

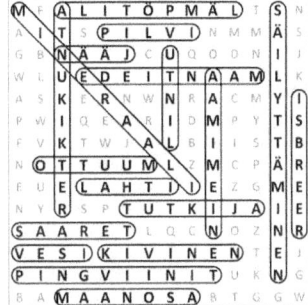

99 - Mamíferos

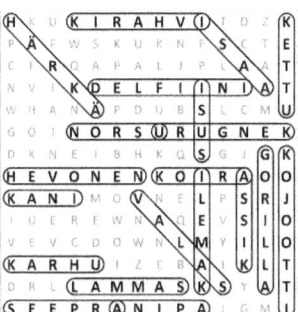

100 - Abejas

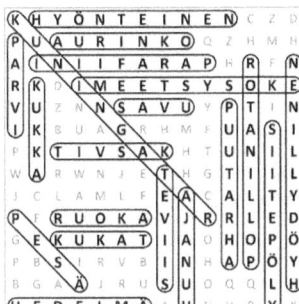

Diccionario

Abejas
Mehiläiset

Alas	Siivet
Beneficioso	Hyödyllinen
Cera	Parafiini
Colmena	Pesä
Comida	Ruoka
Ecosistema	Ekosysteemi
Enjambre	Parvi
Flor	Kukka
Flores	Kukat
Fruta	Hedelmä
Humo	Savu
Insecto	Hyönteinen
Jardín	Puutarha
Miel	Hunaja
Plantas	Kasvit
Polen	Siitepöly
Polinizador	Pollinator
Reina	Kuningatar
Sol	Aurinko

Actividades
Toiminta

Actividad	Toiminta
Arte	Taide
Artesanía	Veneet
Camping	Camping
Caza	Metsästys
Cerámica	Keramiikka
Costura	Ompelu
Fotografía	Valokuvaus
Habilidad	Taito
Intereses	Etu
Juegos	Pelit
Lectura	Lukeminen
Magia	Taika
Ocio	Vapaa
Pesca	Kalastus
Pintura	Maalaus
Placer	Ilo
Relajación	Rentoutuminen
Senderismo	Vaellus

Actividades y Ocio
Toiminta ja Vapaa-Aika

Aficiones	Harrastukset
Arte	Taide
Baloncesto	Koripallo
Béisbol	Baseball
Boxeo	Nyrkkeily
Buceo	Sukellus
Camping	Camping
Carreras	Kilpa
Compras	Ostokset
Fútbol	Jalkapallo
Golf	Golf
Natación	Uima
Pesca	Kalastus
Pintura	Maalaus
Relajante	Rentouttava
Senderismo	Vaellus
Surf	Lainelautailu
Tenis	Tennis
Viaje	Matkustaa
Voleibol	Lentopallo

Adjetivos #1
Adjektiivit #1

Absoluto	Ehdoton
Activo	Aktiivinen
Aromático	Aromaattinen
Atractivo	Viehättävä
Brillante	Kirkas
Enorme	Valtava
Exótico	Eksotisk
Generoso	Antelias
Grande	Suuri
Honesto	Rehellinen
Importante	Tärkeä
Inocente	Viaton
Joven	Nuori
Lento	Hidas
Moderno	Moderni
Oscuro	Tumma
Perfecto	Täydellinen
Pesado	Raskas
Serio	Vakava
Valioso	Arvokas

Adjetivos #2
Adjektiivit #2

Cansado	Väsynyt
Comestible	Syötävä
Creativo	Luova
Descriptivo	Kuvaus
Dramático	Dramaattinen
Dulce	Makea
Elegante	Tyylikäs
Famoso	Kuuluisa
Fresco	Tuore
Fuerte	Vahva
Natural	Luonnollinen
Normal	Normaali
Nuevo	Uusi
Orgulloso	Ylpeä
Picante	Mausteinen
Productivo	Tuottava
Responsable	Vastuullinen
Salado	Suolainen
Saludable	Terve
Seco	Kuiva

Agua
Vesi

Canal	Kanava
Ducha	Suihku
Evaporación	Haihtuminen
Géiser	Geysir
Helada	Pakkanen
Hielo	Jään
Humedad	Kosteus
Huracán	Hurrikaani
Húmedo	Kostea
Inundación	Tulva
Lago	Järvi
Lluvia	Sade
Monzón	Monsuuni
Nieve	Lumi
Océano	Valtameri
Olas	Aalto
Riego	Kastelu
Río	Joki
Vapor	Höyry

Antártida
Antarktis

Agua	Vesi
Bahía	Lahti
Científico	Tieteellinen
Conservación	Säilyttäminen
Continente	Maanosa
Expedición	Retkikunta
Geografía	Maantiede
Glaciares	Isbreer
Hielo	Jään
Investigador	Tutkija
Islas	Saaret
Migración	Muutto
Minerales	Mineraali
Nubes	Pilvi
Pájaros	Lintu
Península	Niemimaa
Pingüinos	Pingviinit
Rocoso	Kivinen
Temperatura	Lämpötila
Topografía	Topografia

Antigüedades
Antiikki

Arte	Taide
Auténtico	Aito
Calidad	Laatu
Decorativo	Koriste
Elegante	Tyylikäs
Entusiasta	Harrastaja
Escultura	Veistos
Estilo	Tyyli
Galería	Galleria
Inusual	Epätavallinen
Inversión	Sijoitus
Joyas	Korut
Monedas	Kolikot
Mueble	Huonekalu
Precio	Hinta
Restauración	Entisöinti
Siglo	Vuosisata
Subasta	Huutokauppa
Valor	Arvo
Viejo	Vanha

Arqueología
Arkeologia

Análisis	Analyysi
Antigüedad	Antiikin
Civilización	Sivilisaatio
Descendiente	Jälkeläinen
Desconocido	Tuntematon
Equipo	Tiimi
Era	Aikakausi
Evaluación	Arviointi
Experto	Asiantuntija
Fósil	Fossiili
Fragmentos	Fragmentteja
Huesos	Luut
Investigador	Tutkija
Misterio	Mysteeri
Objetos	Objekti
Olvidado	Unohdettu
Profesor	Professori
Reliquia	Jäänne
Templo	Temppeli
Tumba	Hauta

Artes Visuales
Kuvataide

Arcilla	Savi
Arquitectura	Arkkitehtuuri
Artista	Taiteilija
Barniz	Lakka
Caballete	Maalausteline
Cera	Parafiini
Cerámica	Keramiikka
Composición	Koostumus
Creatividad	Luovuus
Escultura	Veistos
Fotografía	Valokuva
Lápiz	Lyijykynä
Obra Maestra	Mestariteos
Película	Elokuva
Perspectiva	Näkökulma
Pintura	Maalaus
Pluma	Kynä
Retrato	Muotokuva
Tiza	Liitu

Astronomía
Tähtitiede

Asteroide	Asteroidi
Astronauta	Astronautti
Cielo	Taivas
Cohete	Raketti
Constelación	Tähdistö
Cosmos	Kosmos
Eclipse	Pimennys
Equinoccio	Jevndøgn
Galaxia	Galaksi
Gravedad	Painovoima
Luna	Kuu
Meteoro	Meteori
Nebulosa	Sumu
Observatorio	Observatorio
Planeta	Planeetta
Radiación	Säteily
Satélite	Satelliitti
Supernova	Supernova
Telescopio	Kaukoputki
Tierra	Maa

Aventura
Seikkailu

Actividad	Toiminta
Alegría	Ilo
Amigos	Ystävä
Belleza	Kauneus
Destino	Kohde
Dificultad	Vaikeus
Entusiasmo	Innostus
Excursión	Retki
Inusual	Epätavallinen
Itinerario	Matka
Naturaleza	Luonto
Navegación	Navigointi
Nuevo	Uusi
Oportunidad	Mahdollisuus
Peligroso	Vaarallinen
Seguridad	Turvallisuus
Sorprendente	Yllättävä
Viajes	Matkustaa

Aviones
Lentokone

Aire	Ilma
Altura	Korkeus
Aterrizaje	Lasku
Atmósfera	Ilmainen
Aventura	Seikkailu
Cielo	Taivas
Combustible	Polttoaine
Construcción	Rakentaminen
Dirección	Suunta
Diseño	Utforming
Globo	Ilmapallo
Hélices	Potkuri
Hidrógeno	Vety
Historia	Historia
Motor	Moottori
Navegar	Navigoida
Pasajero	Matkustaja
Piloto	Pilotti
Tripulación	Miehistö
Turbulencia	Turbulenssi

Álgebra
Algebra

Cantidad	Määrä
Cero	Nolla
Diagrama	Kaavio
División	Jako
Ecuación	Yhtälö
Exponente	Eksponentti
Factor	Tekijä
Falso	Väärä
Fórmula	Kaava
Fracción	Jae
Infinito	Ääretön
Lineal	Lineaarinen
Matriz	Matriisi
Número	Numero
Paréntesis	Parentes
Problema	Ongelma
Resolver	Ratkaista
Resta	Vähennys
Solución	Ratkaisu
Variable	Muuttuja

Baile
Tanssi

Academia	Akatemia
Alegre	Iloinen
Arte	Taide
Clásico	Klassinen
Coreografía	Koreografia
Cuerpo	Keho
Cultura	Kulttuuri
Emoción	Tunne
Ensayo	Harjoitukset
Expresivo	Ilmeikäs
Gracia	Armo
Movimiento	Liike
Música	Musiikki
Postura	Ryhti
Ritmo	Rytmi
Socio	Kumppani
Tradicional	Perinteinen
Visual	Visuaalinen

Ballet
Baletti

Artístico	Taiteellinen
Audiencia	Yleisö
Bailarina	Ballerina
Bailarines	Tanssijat
Compositor	Säveltäjä
Coreografía	Koreografia
Ensayo	Harjoitukset
Estilo	Tyyli
Expresivo	Ilmeikäs
Gesto	Ele
Habilidad	Taito
Intensidad	Intensiteetti
Músculos	Lihakset
Música	Musiikki
Orquesta	Orkesteri
Práctica	Harjoitella
Ritmo	Rytmi
Técnica	Tekniikka

Barbacoas
Grilli

Almuerzo	Lounas
Caliente	Kuuma
Cebollas	Sipuli
Cena	Illallinen
Cuchillos	Veitset
Ensaladas	Salaatit
Familia	Perhe
Fruta	Hedelmä
Hambre	Nälkä
Juegos	Pelit
Música	Musiikki
Niños	Lapset
Parrilla	Grilli
Pimienta	Pippuri
Pollo	Kana
Sal	Suola
Salsa	Kastike
Tomates	Tomaatit
Verano	Kesä
Verduras	Vihannes

Barcos
Veneitä

Ancla	Ankkuri
Balsa	Lautta
Bote Salvavidas	Pelastusvene
Boya	Poiju
Canoa	Kanootti
Cuerda	Köysi
Kayak	Kajakk
Lago	Järvi
Mar	Meri
Marea	Vuorovesi
Marinero	Merimies
Mástil	Masto
Motor	Moottori
Océano	Valtameri
Olas	Aalto
Río	Joki
Tripulación	Miehistö
Velero	Purjevene
Yate	Jahti

Belleza
Kauneus

Aceites	Öljyt
Champú	Shampoo
Color	Väri
Cosméticos	Kosmetiikka
Elegancia	Eleganssi
Elegante	Tyylikäs
Encanto	Viehätys
Espejo	Peili
Estilista	Stylisti
Fotogénico	Fotogen
Fragancia	Tuoksu
Gracia	Armo
Maquillaje	Meikki
Piel	Iho
Pintalabios	Leppestift
Rizos	Kiharat
Rímel	Ripsiväri
Servicios	Palvelut
Suave	Sileä
Tijeras	Sakset

Café
Kahvi

Agua	Vesi
Amargo	Katkera
Aroma	Aromi
Azúcar	Sokeri
Ácido	Hapan
Bebida	Juoma
Cafeína	Kofeiinia
Crema	Kerma
Filtro	Suodattaa
Leche	Maito
Líquido	Neste
Mañana	Aamu
Moler	Jauhaa
Negro	Musta
Origen	Alkuperä
Precio	Hinta
Sabor	Maku
Taza	Kuppi

Camping
Telttailu

Animales	Eläimet
Aventura	Seikkailu
Árboles	Puu
Bosque	Metsä
Brújula	Kompassi
Cabina	Mökki
Canoa	Kanootti
Caza	Metsästys
Cuerda	Köysi
Equipo	Laitteet
Fuego	Antaa Potkut
Hamaca	Riippumatto
Insecto	Hyönteinen
Lago	Järvi
Linterna	Lyhty
Luna	Kuu
Mapa	Kartta
Montaña	Vuori
Naturaleza	Luonto
Sombrero	Hattu

Casa
Talo

Alfombra	Matto
Ático	Ullakko
Biblioteca	Kirjasto
Chimenea	Takka
Cocina	Keittiö
Dormitorio	Makuuhuone
Ducha	Suihku
Escoba	Luuta
Espejo	Peili
Garaje	Autotalli
Grifo	Hana
Jardín	Puutarha
Lámpara	Lamppu
Pared	Seinä
Piso	Lattia
Puerta	Ovi
Sótano	Kellari
Techo	Katto
Valla	Aita
Ventana	Ikkuna

Chocolate
Suklaa

Amargo	Katkera
Aroma	Aromi
Artesanal	Artisanal
Azúcar	Sokeri
Cacahuetes	Maapähkinät
Cacao	Kaakao
Calidad	Laatu
Calorías	Kalori
Caramelo	Karamelli
Coco	Kokosnøtt
Comer	Syödä
Delicioso	Herkullinen
Dulce	Makea
Exótico	Eksotisk
Favorito	Suosikki
Gusto	Maku
Ingrediente	Ainesosa
Polvo	Jauhe
Receta	Resepti

Ciencia
Tiede

Átomo	Atomi
Científico	Tiedemies
Clima	Ilmasto
Datos	Tiedot
Evolución	Evoluutio
Experimento	Koe
Física	Fysiikka
Fósil	Fossiili
Gravedad	Painovoima
Hecho	Tosiasia
Hipótesis	Hypoteesi
Laboratorio	Laboratorio
Método	Menetelmä
Minerales	Mineraali
Moléculas	Molekyyli
Naturaleza	Luonto
Organismo	Organismi
Partículas	Hiukset
Plantas	Kasvit
Químico	Kemiallinen

Ciencia Ficción
Tieteiskirjallisuus

Cine	Elokuva
Distante	Kaukainen
Escenario	Skenaario
Explosión	Räjähdys
Extremo	Äärimmäinen
Fantástico	Fantastinen
Fuego	Antaa Potkut
Futurista	Futuristinen
Galaxia	Galaksi
Ilusión	Illuusio
Libros	Kirjat
Misterioso	Salaperäinen
Mundo	Maailma
Novelas	Romaaneja
Oráculo	Oraakkeli
Planeta	Planeetta
Realista	Realistinen
Robots	Robotti
Tecnología	Teknologia
Utopía	Utopia

Circo
Sirkus

Acróbata	Akrobat
Animales	Eläimet
Billete	Lippu
Carpa	Teltta
Desfile	Paraati
Elefante	Norsu
Entretener	Viihdyttää
Espectador	Katsoja
Globos	Ballonger
León	Leijona
Magia	Taika
Mago	Taikuri
Malabarista	Jonglööri
Mono	Apina
Música	Musiikki
Tigre	Tiikeri
Traje	Puku
Truco	Temppu

Ciudad
Kaupunki

Aeropuerto	Lufthavn
Banco	Pankki
Biblioteca	Kirjasto
Cine	Elokuva
Clínica	Klinikka
Escuela	Koulu
Estadio	Stadion
Farmacia	Apteekki
Galería	Galleria
Hotel	Hotelli
Librería	Kirjakauppa
Mercado	Markkina
Museo	Museo
Panadería	Leipomo
Restaurante	Ravintola
Supermercado	Supermarket
Teatro	Teatteri
Tienda	Kauppa
Universidad	Yliopisto
Zoo	Eläintarha

Clima
Sää

Atmósfera	Ilmainen
Calma	Rauhallinen
Cielo	Taivas
Clima	Ilmasto
Hielo	Jään
Huracán	Hurrikaani
Inundación	Tulva
Monzón	Monsuuni
Niebla	Sumu
Nube	Pilvi
Polar	Polar
Rayo	Salama
Seco	Kuiva
Sequía	Kuivuus
Temperatura	Lämpötila
Tormenta	Myrsky
Tornado	Tornado
Tropical	Trooppinen
Trueno	Ukkonen
Viento	Tuuli

Cocina
Keittiö

Caldera	Kattila
Comer	Syödä
Comida	Ruoka
Congelador	Pakastin
Cucharas	Lusikat
Cucharón	Kauha
Cuchillos	Veitset
Delantal	Esiliina
Especias	Mausteet
Esponja	Sieni
Horno	Uuni
Jarra	Kannu
Palillos	Syömäpuikot
Parrilla	Grilli
Receta	Resepti
Refrigerador	Jääkaappi
Servilleta	Lautasliina
Tazas	Kupit
Tazón	Kulho
Tenedores	Gafler

Comida #1
Ruoka #1

Ajo	Valkosipuli
Albahaca	Basilika
Atún	Tunfisk
Azúcar	Sokeri
Canela	Kaneli
Carne	Liha
Cebada	Ohra
Cebolla	Sipuli
Ensalada	Salaatti
Espinacas	Pinaatti
Fresa	Mansikka
Jugo	Mehu
Leche	Maito
Limón	Sitruuna
Menta	Minttu
Nabo	Nauris
Pera	Päärynä
Sal	Suola
Sopa	Suppe
Zanahoria	Porkkana

Comida #2
Ruoka #2

Alcachofa	Artisokka
Almendra	Manteli
Apio	Selleri
Arroz	Riisi
Berenjena	Munakoiso
Cereza	Kirsikka
Chocolate	Suklaa
Girasol	Auringonkukka
Huevo	Muna
Jengibre	Inkivääri
Kiwi	Kiivi
Manzana	Omena
Pan	Leipä
Plátano	Banaani
Pollo	Kana
Queso	Juusto
Tomate	Tomaatti
Trigo	Vehnä
Uva	Rypäle
Yogur	Jogurtti

Conduciendo
Ajo

Accidente	Onnettomuus
Calle	Katu
Camión	Kuka
Coche	Auto
Combustible	Polttoaine
Frenos	Jarrut
Garaje	Autotalli
Gas	Kaasu
Licencia	Lisenssi
Mapa	Kartta
Motocicleta	Moottoripyörä
Motor	Moottori
Peatonal	Jalankulkija
Peligro	Vaara
Policía	Poliisi
Seguridad	Turvallisuus
Transporte	Kuljetus
Tráfico	Liikenne
Túnel	Tunneli
Velocidad	Nopeus

Creatividad
Luovuus

Artístico	Taiteellinen
Autenticidad	Aitous
Claridad	Selkeys
Dramático	Dramaattinen
Espontáneo	Spontaani
Expresión	Ilmaisu
Fluidez	Juoksevuus
Habilidad	Taito
Ideas	Ideoita
Imagen	Kuva
Imaginación	Mielikuvitus
Impresión	Vaikutelma
Inspiración	Innoitus
Intensidad	Intensiteetti
Intuición	Intuitio
Inventivo	Kekseliäs
Sensación	Tunne
Visiones	Visioita
Vitalidad	Elinvoima

Cuerpo Humano
Ihmiskehon

Barbilla	Leuka
Boca	Suu
Cabeza	Pää
Cara	Kasvot
Cerebro	Aivot
Codo	Kyynärpää
Corazón	Sydän
Cuello	Kaula
Dedo	Sormi
Hombro	Olkapää
Lengua	Kieli
Mano	Käsi
Nariz	Nenä
Ojo	Silmä
Oreja	Korva
Piel	Iho
Pierna	Jalka
Rodilla	Polvi
Sangre	Veri
Tobillo	Nilkka

Deporte
Urheilu

Atleta	Urheilija
Baile	Tanssit
Capacidad	Kyky
Cardiovascular	Sydän
Ciclismo	Pyöräily
Cuerpo	Keho
Deportes	Urheilu
Dieta	Ruokavalio
Entrenador	Valmentaja
Estiramiento	Venyttely
Fuerza	Vahvuus
Huesos	Luut
Maximizar	Maksimoida
Meta	Tavoite
Músculos	Lihakset
Nutrición	Ravitsemus
Programa	Ohjelmoida
Resistencia	Kestävyys
Salud	Terveys

Diplomacia
Diplomatia

Aliado	Liittolainen
Asesor	Neuvonantaja
Campañas	Kampanjat
Ciudadanos	Borgere
Comunidad	Yhteisö
Conflicto	Konflikti
Cooperación	Yhteistyö
Discusión	Keskustelu
Embajada	Lähetystö
Extranjero	Ulkomainen
Ética	Etiikka
Gobierno	Hallitus
Idiomas	Kieli
Integridad	Eheys
Justicia	Oikeus
Política	Politiikka
Resolución	Päätös
Seguridad	Turvallisuus
Solución	Ratkaisu
Tratado	Sopimus

Disciplinas Científicas
Tieteelliset Alat

Anatomía	Anatomia
Arqueología	Arkeologia
Astronomía	Tähtitiede
Biología	Biologia
Bioquímica	Biokemia
Botánica	Kasvitiede
Ecología	Ekologia
Fisiología	Fysiologia
Geología	Geologia
Inmunología	Immunologia
Lingüística	Kielitiede
Mecánica	Mekaniikka
Meteorología	Meteorologia
Mineralogía	Mineralogia
Neurología	Neurologia
Nutrición	Ravitsemus
Psicología	Psykologia
Química	Kemia
Sociología	Sosiologia
Zoología	Eläintiede

Días y Meses
Päivät ja Kuukaudet

Abril	Huhtikuu
Agosto	Elokuu
Año	Vuosi
Calendario	Kalenteri
Domingo	Sunnuntai
Enero	Tammikuu
Febrero	Helmikuu
Jueves	Torstai
Julio	Heinäkuu
Junio	Kesäkuu
Lunes	Maanantai
Martes	Tiistai
Mes	Kuukausi
Miércoles	Keskiviikko
Noviembre	Marraskuu
Octubre	Lokakuu
Sábado	Lauantai
Semana	Viikko
Septiembre	Syyskuu
Viernes	Perjantai

Edificios
Rakennukset

Albergue	Hostelli
Apartamento	Huoneisto
Castillo	Linna
Cine	Elokuva
Embajada	Lähetystö
Escuela	Koulu
Estadio	Stadion
Fábrica	Tehdas
Garaje	Autotalli
Granero	Lato
Granja	Maatila
Hospital	Sairaala
Hotel	Hotelli
Laboratorio	Laboratorio
Museo	Museo
Observatorio	Observatorio
Supermercado	Supermarket
Teatro	Teatteri
Torre	Torni
Universidad	Yliopisto

Electricidad
Sähköt

Almacenamiento	Varastointi
Batería	Akku
Cable	Kaapeli
Cables	Johdot
Cantidad	Määrä
Electricista	Sähköasentaja
Eléctrico	Sähköinen
Enchufe	Pistorasia
Equipo	Laitteet
Generador	Generaattori
Imán	Magneetti
Lámpara	Lamppu
Láser	Laser
Negativo	Negatiivinen
Objetos	Objekti
Positivo	Positiivinen
Red	Verkko
Televisión	Televisio
Teléfono	Puhelin

Emociones
Tunteita

Aburrimiento	Ikävystyminen
Agradecido	Kiitollinen
Alegría	Ilo
Alivio	Helpotus
Amor	Rakkaus
Beatitud	Autuus
Bondad	Ystävällisyys
Calma	Rauhallinen
Contenido	Sisältö
Emocionado	Innoissaan
Ira	Suututtaa
Miedo	Pelko
Paz	Rauha
Relajado	Rento
Satisfecho	Tyytyväinen
Simpatía	Myötätunto
Sorpresa	Yllätys
Ternura	Hellyys
Tranquilidad	Rauhallisuus
Tristeza	Surullisuus

Energía
Energiaa

Batería	Akku
Calor	Lämpö
Carbono	Hiili
Combustible	Polttoaine
Contaminación	Forurensning
Diesel	Diesel
Electrón	Elektroni
Eléctrico	Sähköinen
Entropía	Entropia
Fotón	Fotoni
Gasolina	Bensiini
Hidrógeno	Vety
Industria	Industri
Motor	Moottori
Nuclear	Ydin
Renovable	Uusiutuva
Sol	Aurinko
Turbina	Turbiini
Vapor	Höyry
Viento	Tuuli

Especias
Mausteita

Agrio	Hapan
Ajo	Valkosipuli
Amargo	Katkera
Anís	Anis
Azafrán	Maustesahrami
Canela	Kaneli
Cardamomo	Kardemumma
Cebolla	Sipuli
Clavo	Kynsi
Comino	Kumina
Curry	Curry
Dulce	Makea
Hinojo	Fenkoli
Jengibre	Inkivääri
Pimentón	Paprika
Pimienta	Pippuri
Regaliz	Lakritsi
Sabor	Maku
Sal	Suola
Vainilla	Vanilja

Familia
Perhe

Abuela	Isoäiti
Abuelo	Isoisä
Antepasado	Stamfar
Esposa	Vaimo
Hermana	Sisko
Hermano	Veli
Hija	Tytär
Infancia	Lapsuus
Madre	Äiti
Marido	Mies
Materno	Äidin
Nieto	Pojanpoika
Niño	Lapsi
Niños	Lapset
Padre	Isä
Primo	Serkku
Sobrina	Veljentytär
Sobrino	Veljenpoika
Tía	Täti
Tío	Setä

Física
Fysiikka

Aceleración	Kiihdytys
Átomo	Atomi
Caos	Kaaos
Densidad	Tiheys
Electrón	Elektroni
Fórmula	Kaava
Frecuencia	Taajuus
Gas	Kaasu
Gravedad	Painovoima
Magnetismo	Magnetismi
Masa	Massa
Mecánica	Mekaniikka
Molécula	Molekyyli
Motor	Moottori
Nuclear	Ydin
Partícula	Hiukkanen
Químico	Kemiallinen
Relatividad	Suhteellisuus
Universal	Yleistä
Velocidad	Nopeus

Flores
Kukkia

Amapola	Unikko
Diente de León	Voikukka
Gardenia	Gardenia
Girasol	Auringonkukka
Hibisco	Hibiscus
Jazmín	Jasmiini
Lavanda	Laventeli
Lila	Liila
Lirio	Lilja
Magnolia	Magnolia
Margarita	Päivänkakkara
Orquídea	Orkidea
Peonía	Pioni
Pétalo	Terälehti
Plumeria	Plumeria
Ramo	Kimppu
Rosa	Ruusu
Trébol	Apila
Tulipán	Tulppaani

Formas
Muodot

Arco	Kaari
Bordes	Reunat
Cilindro	Sylinteri
Círculo	Ympyrä
Cono	Kartio
Cuadrado	Neliö
Cubo	Kuutio
Curva	Käyrä
Elipse	Ellipsi
Esquina	Kulma
Hipérbola	Hyperbeli
Lado	Side
Línea	Linja
Oval	Soikea
Pirámide	Pyramidi
Polígono	Monikulmio
Prisma	Prisma
Rectángulo	Suorakulmio
Triángulo	Kolmio

Fruta
Hedelmä

Aguacate	Avokado
Albaricoque	Aprikoosi
Baya	Marja
Cereza	Kirsikka
Ciruela	Luumu
Coco	Kokosnøtt
Frambuesa	Vadelma
Guayaba	Guava
Kiwi	Kiivi
Limón	Sitruuna
Mango	Mango
Manzana	Omena
Melocotón	Persikka
Melón	Meloni
Naranja	Oranssi
Nectarina	Nektariini
Pera	Päärynä
Piña	Ananas
Plátano	Banaani
Uva	Rypäle

Fuerza y Gravedad
Voima ja Painovoima

Centro	Keskusta
Descubrimiento	Löytö
Dinámico	Dynaaminen
Distancia	Etäisyys
Eje	Akseli
Expansión	Laajennus
Física	Fysiikka
Fricción	Kitka
Impacto	Vaikutus
Impulso	Vauhti
Magnetismo	Magnetismi
Magnitud	Suuruus
Mecánica	Mekaniikka
Movimiento	Liike
Peso	Paino
Presión	Paine
Propiedades	Kiinteistö
Tiempo	Aika
Universal	Yleistä
Velocidad	Nopeus

Geografía
Maantiede

Altitud	Korkeus
Atlas	Atlas
Ciudad	Kaupunki
Continente	Maanosa
Ecuador	Päiväntasaaja
Hemisferio	Halvkule
Isla	Saari
Latitud	Leveysaste
Longitud	Pituusaste
Mapa	Kartta
Mar	Meri
Meridiano	Meridiaani
Montaña	Vuori
Mundo	Maailma
Norte	Pohjoinen
Oeste	Länsi
País	Maassa
Río	Joki
Sur	Etelä
Territorio	Alue

Geología
Geologia

Ácido	Happo
Calcio	Kalsium
Capa	Kerros
Caverna	Luola
Continente	Maanosa
Coral	Koralli
Cristales	Crystal
Cuarzo	Kvartsi
Erosión	Eroosio
Estalactita	Stalactite
Estalagmitas	Stalagmiitit
Fósil	Fossiili
Géiser	Geysir
Lava	Lava
Meseta	Tasanko
Minerales	Mineraali
Piedra	Kivi
Sal	Suola
Terremoto	Maanjäristys
Volcán	Volcano

Geometría
Geometria

Altura	Korkeus
Ángulo	Kulma
Cálculo	Laskeminen
Curva	Käyrä
Diámetro	Halkaisija
Dimensión	Ulottuvuus
Ecuación	Yhtälö
Horizontal	Vaaka
Lógica	Logiikka
Masa	Massa
Mediana	Mediaani
Número	Numero
Paralelo	Rinnakkainen
Proporción	Osa
Segmento	Segmentti
Simetría	Symmetria
Superficie	Pinta
Teoría	Teoria
Triángulo	Kolmio
Vertical	Loddrett

Gobierno
Hallitus

Ciudadanía	Kansalaisuus
Civil	Siviili-
Constitución	Konstitusjon
Democracia	Demokratia
Discurso	Puhe
Discusión	Keskustelu
Distrito	Piiri
Estado	Valtio
Igualdad	Tasa-Arvo
Judicial	Rettslig
Justicia	Oikeus
Ley	Laki
Libertad	Vapaus
Líder	Johtaja
Monumento	Monumentti
Nacional	Kansallinen
Nación	Kansakunta
Pacífico	Rauhallinen
Política	Politiikka
Símbolo	Symboli

Granja #1
Maatila nro 1

Abeja	Mehiläinen
Agricultura	Maatalous
Agua	Vesi
Arroz	Riisi
Burro	Aasi
Caballo	Hevonen
Cabra	Vuohi
Campo	Kenttä
Cuervo	Varis
Fertilizante	Lannoite
Gato	Kissa
Heno	Heinä
Miel	Hunaja
Perro	Koira
Pollo	Kana
Semillas	Siemenet
Ternero	Vasikka
Tierra	Maa
Vaca	Lehmä
Valla	Aita

Granja #2
Maatila # 2

Agricultor	Viljelijä
Animales	Eläimet
Cebada	Ohra
Colmena	Mehiläispesä
Comida	Ruoka
Cordero	Karitsa
Fruta	Hedelmä
Granero	Lato
Huerto	Hedelmätarha
Leche	Maito
Llama	Laama
Maíz	Maissi
Oveja	Lammas
Pastor	Paimen
Pato	Ankka
Prado	Niitty
Riego	Kastelu
Tractor	Traktori
Trigo	Vehnä
Vegetal	Vihannes

Herboristería
Herbalismi

Ajo	Valkosipuli
Albahaca	Basilika
Aromático	Aromaattinen
Azafrán	Maustesahrami
Calidad	Laatu
Culinario	Kulinaarinen
Eneldo	Tilli
Estragón	Rakuuna
Flor	Kukka
Hinojo	Fenkoli
Ingrediente	Ainesosa
Jardín	Puutarha
Lavanda	Laventeli
Mejorana	Meirami
Menta	Minttu
Perejil	Persilja
Planta	Kasvi
Romero	Rosmariini
Sabor	Maku
Verde	Vihreä

Ingeniería
Suunnittelu

Ángulo	Kulma
Cálculo	Laskeminen
Construcción	Rakentaminen
Diagrama	Kaavio
Diámetro	Halkaisija
Diesel	Diesel
Distribución	Jakelu
Eje	Akseli
Energía	Energia
Estabilidad	Vakaus
Estructura	Rakenne
Fricción	Kitka
Fuerza	Vahvuus
Líquido	Neste
Máquina	Kone
Medición	Mittaus
Motor	Moottori
Palancas	Vipu
Profundidad	Syvyys
Propulsión	Propulsio

Insectos
Hyönteiset

Abeja	Mehiläinen
Avispa	Ampiainen
Avispón	Hornet
Áfido	Kirva
Cigarra	Cicada
Cucaracha	Torakka
Gusano	Mato
Hormiga	Muurahainen
Langosta	Gresshoppe
Larva	Toukka
Libélula	Sudenkorento
Mantis	Sirkka
Mariposa	Perhonen
Mariquita	Leppäkerttu
Mosquito	Hyttynen
Polilla	Koi
Pulga	Kirppu
Saltamontes	Heinäsirkka
Termita	Termiitti

Instrumentos Musicales
Soittimet

Armónica	Huuliharppu
Arpa	Harppu
Banjo	Banjo
Clarinete	Klarinetti
Fagot	Fagotti
Flauta	Huilu
Gong	Gong
Guitarra	Kitara
Mandolina	Mandoliini
Marimba	Marimba
Oboe	Oboe
Pandereta	Tamburiini
Piano	Piano
Saxofón	Saksofoni
Tambor	Rumpu
Trombón	Pasuuna
Trompeta	Trumpetti
Violín	Viulu
Violonchelo	Sello

Jardín
Puutarha

Arbusto	Puska
Árbol	Puu
Banco	Penkki
Césped	Nurmikko
Estanque	Lampi
Flor	Kukka
Garaje	Autotalli
Hamaca	Riippumatto
Hierba	Ruoho
Huerto	Hedelmätarha
Jardín	Puutarha
Malezas	Ugress
Manguera	Letku
Pala	Lapio
Porche	Kuisti
Rastrillo	Rake
Suelo	Maaperä
Terraza	Terassi
Trampolín	Trampoliini
Valla	Aita

Jazz
Jazz

Artista	Taiteilija
Álbum	Albumi
Canción	Laulu
Composición	Koostumus
Compositor	Säveltäjä
Concierto	Konsertti
Estilo	Tyyli
Énfasis	Painotus
Famoso	Kuuluisa
Favoritos	Suosikit
Género	Laji
Improvisación	Improvisaatio
Música	Musiikki
Nuevo	Uusi
Orquesta	Orkesteri
Ritmo	Rytmi
Talento	Kyky
Tambores	Rummut
Técnica	Tekniikka
Viejo	Vanha

Libros
Kirjat

Autor	Tekijä
Aventura	Seikkailu
Colección	Kokoelma
Contexto	Konteksti
Dualidad	Kaksinaisuus
Escrito	Skriftlig
Historia	Tarina
Humorístico	Humoristinen
Inmersión	Upotus
Inventivo	Kekseliäs
Lector	Lukija
Narrador	Kertoja
Novela	Romaani
Palabras	Sanat
Página	Sivu
Pertinente	Relevaantia
Poema	Runo
Poesía	Runous
Serie	Sarja
Trágico	Traaginen

Literatura
Kirjallisuus

Analogía	Analogia
Análisis	Analyysi
Anécdota	Anekdootti
Autor	Tekijä
Biografía	Elämäkerta
Comparación	Vertailu
Conclusión	Päätelmä
Descripción	Kuvaus
Diálogo	Dialog
Estilo	Tyyli
Ficción	Fiktiota
Metáfora	Metafora
Narrador	Kertoja
Novela	Romaani
Poema	Runo
Poético	Runollinen
Rima	Loppusointu
Ritmo	Rytmi
Tema	Teema
Tragedia	Tragedia

Los Medios de Comunicación
Media

Actitudes	Asenteet
Comercial	Kaupallinen
Comunicación	Viestintä
Digital	Digitaalinen
Edición	Painos
Educación	Koulutus
En Línea	Verkossa
Financiación	Rahoitus
Fotos	Kuvat
Hechos	Fakta
Individual	Yksilö
Industria	Industri
Intelectual	Älyllinen
Local	Paikallinen
Opinión	Lausunto
Periódicos	Sanomalehti
Público	Julkinen
Radio	Radio
Red	Verkko
Televisión	Televisio

Mamíferos
Merinisäkkäiden

Ballena	Valas
Burro	Aasi
Caballo	Hevonen
Camello	Kameli
Canguro	Kenguru
Cebra	Seepra
Conejo	Kani
Coyote	Kojootti
Delfín	Delfiini
Elefante	Norsu
Gato	Kissa
Gorila	Gorilla
Jirafa	Kirahvi
Lobo	Susi
Mono	Apina
Oso	Karhu
Oveja	Lammas
Perro	Koira
Toro	Härkä
Zorro	Kettu

Mascotas
Lemmikki

Agua	Vesi
Cabra	Vuohi
Cachorro	Pentu
Cola	Pyrstö
Collar	Kaulus
Comida	Ruoka
Conejo	Kani
Correa	Hihna
Garras	Kynnet
Gato	Kissa
Hámster	Hamsteri
Lagarto	Lisko
Loro	Papukaija
Patas	Tassut
Perro	Koira
Pescado	Kala
Ratón	Hiiri
Tortuga	Kilpikonna
Vaca	Lehmä
Veterinario	Eläinlääkäri

Matemáticas
Matematiikka

Aritmética	Aritmeettinen
Ángulos	Kulmat
Circunferencia	Ympärysmitta
Cuadrado	Neliö
Decimal	Desimaali
Diámetro	Halkaisija
Ecuación	Yhtälö
Exponente	Eksponentti
Fracción	Jae
Geometría	Geometria
Números	Numero
Paralelo	Rinnakkainen
Paralelogramo	Suunnikas
Perímetro	Kehä
Polígono	Monikulmio
Radio	Säde
Rectángulo	Suorakulmio
Simetría	Symmetria
Triángulo	Kolmio
Volumen	Tilavuus

Mediciones
Mittaus

Altura	Korkeus
Ancho	Leveys
Byte	Tavu
Centímetro	Senttimetri
Decimal	Desimaali
Grado	Aste
Gramo	Gramma
Kilogramo	Kilogramma
Kilómetro	Kilometri
Litro	Litra
Longitud	Pituus
Masa	Massa
Metro	Mittari
Minuto	Minuutti
Onza	Unssi
Peso	Paino
Profundidad	Syvyys
Pulgada	Tuuma
Tonelada	Tonni
Volumen	Tilavuus

Meditación
Meditaatio

Aceptación	Hyväksyminen
Atención	Huomio
Bondad	Ystävällisyys
Calma	Rauhallinen
Claridad	Selkeys
Compasión	Myötätunto
Emociones	Tunne
Gratitud	Kiitollisuus
Mental	Henkistä
Mente	Mieli
Movimiento	Liike
Música	Musiikki
Naturaleza	Luonto
Observación	Havainto
Paz	Rauha
Pensamientos	Ajatuksia
Perspectiva	Näkökulma
Postura	Ryhti
Respiración	Hengitys
Silencio	Hiljaisuus

Mitología
Mytologia

Arquetipo	Arketype
Celos	Kateus
Cielo	Taivas
Creación	Luominen
Creencias	Uskomukset
Criatura	Olento
Cultura	Kulttuuri
Deidades	Jumalat
Desastre	Katastrofi
Fuerza	Vahvuus
Guerrero	Soturi
Heroína	Sankaritar
Héroe	Sankari
Laberinto	Labyrintti
Leyenda	Legenda
Monstruo	Hirviö
Mortal	Kuolevainen
Rayo	Salama
Trueno	Ukkonen
Venganza	Kosto

Moda
Muoti

Asequible	Edullinen
Bordado	Broderi
Botones	Painikkeet
Boutique	Boutique
Caro	Kallis
Elegante	Tyylikäs
Encaje	Pitsi
Estilo	Tyyli
Mediciones	Mitat
Moderno	Modernl
Modesto	Vaatimaton
Original	Alkuperäinen
Patrón	Kuvio
Práctico	Praktisk
Ropa	Vaate
Sofisticado	Hienostunut
Tejido	Kangas
Tendencia	Suuntaus
Textura	Rakenne

Mueble
Huonekalut

Alfombra	Matto
Almohada	Tyyny
Armario	Armoire
Banco	Penkki
Cama	Sänky
Cojines	Tyynyt
Colchón	Patja
Cortinas	Verhot
Escritorio	Työpöytä
Espejo	Pcili
Estantería	Kirjahylly
Estantes	Hyllyt
Futón	Futon
Hamaca	Riippumatto
Lámpara	Lamppu
Silla	Tuoli
Sillón	Nojatuoli
Sofá	Sohva

Música
Musiikki

Armonía	Harmonia
Armónico	Harmoninen
Álbum	Albumi
Balada	Balladi
Cantante	Laulaja
Cantar	Laulaa
Clásico	Klassinen
Coro	Kertosäe
Grabación	Äänite
Improvisar	Improvisoida
Instrumento	Väline
Melodía	Melodia
Micrófono	Mikrofoni
Musical	Musiikki
Músico	Muusikko
Ópera	Ooppera
Poético	Runollinen
Ritmo	Rytmi
Tempo	Tempo
Vocal	Laulu

Naturaleza
Luonto

Abejas	Mehiläinen
Animales	Eläimet
Ártico	Arktinen
Belleza	Kauneus
Bosque	Metsä
Desierto	Aavikko
Dinámico	Dynaaminen
Erosión	Eroosio
Follaje	Lehtien
Glaciar	Jäätikkö
Montañas	Vuoret
Niebla	Sumu
Nubes	Pilvi
Refugio	Suoja
Río	Joki
Salvaje	Villi
Santuario	Pyhäkkö
Sereno	Rauhallinen
Tropical	Trooppinen
Vital	Tärkeä

Negocio
Liiketoimintaa

Carrera	Ura
Costo	Kustannus
Descuento	Alennus
Dinero	Raha
Economía	Talous
Empleado	Työntekijä
Empleador	Työnantaja
Empresa	Yhtiö
Fábrica	Tehdas
Finanzas	Rahoitus
Impuestos	Verot
Inversión	Sijoitus
Mercancía	Tavara
Moneda	Valuutta
Oficina	Toimisto
Presupuesto	Budsjett
Tienda	Myymälä
Trabajo	Työ
Transacción	Kauppa
Venta	Myynti

Nutrición
Ravitsemus

Amargo	Katkera
Apetito	Ruokahalu
Calidad	Laatu
Calorías	Kalori
Carbohidratos	Karbohydrater
Cereales	Vilja
Comestible	Syötävä
Dieta	Ruokavalio
Digestión	Ruoansulatus
Equilibrado	Tasapainoinen
Fermentación	Käyminen
Nutriente	Næringsstoff
Peso	Paino
Proteínas	Proteiini
Sabor	Maku
Salsa	Kastike
Salud	Terveys
Saludable	Terve
Toxina	Myrkky
Vitamina	Vitamiini

Números
Numerot

Catorce	Neljätoista
Cero	Nolla
Cinco	Viisi
Cuatro	Neljä
Decimal	Desimaali
Dieciséis	Kuusitoista
Diez	Kymmenen
Doce	Kaksitoista
Dos	Kaksi
Matemática	Matematiikka
Nueve	Yhdeksän
Ocho	Kahdeksan
Quince	Viisitoista
Seis	Kuusi
Siete	Seitsemän
Trece	Kolmetoista
Tres	Kolme
Uno	Yksi
Veinte	Kaksikymmentä

Océano
Valtameri

Alga	Levät
Anguila	Ankerias
Arrecife	Riutta
Atún	Tunfisk
Ballena	Valas
Barco	Vene
Camarón	Katkaravut
Cangrejo	Rapu
Coral	Koralli
Delfín	Delfiini
Esponja	Sieni
Mareas	Tidevann
Medusa	Manet
Ostra	Osteri
Pescado	Kala
Pulpo	Mustekala
Sal	Suola
Tiburón	Hai
Tormenta	Myrsky
Tortuga	Kilpikonna

Paisajes
Maisemat

Cascada	Vesiputous
Cueva	Luola
Desierto	Aavikko
Estuario	Suisto
Géiser	Geysir
Glaciar	Jäätikkö
Iceberg	Jäävuori
Isla	Saari
Lago	Järvi
Laguna	Laguuni
Mar	Meri
Montaña	Vuori
Oasis	Keidas
Pantano	Suo
Península	Niemimaa
Playa	Ranta
Río	Joki
Tundra	Tundra
Valle	Laakso
Volcán	Volcano

Países #1
Maat #1

Alemania	Saksa
Argentina	Argentiina
Bélgica	Belgia
Brasil	Brasilia
Canadá	Kanada
Ecuador	Ecuador
Egipto	Egypti
España	Espanja
Filipinas	Filippiinit
Honduras	Honduras
India	Intia
Italia	Italia
Libia	Libya
Malí	Mali
Marruecos	Marokko
Nicaragua	Nicaragua
Noruega	Norja
Panamá	Panama
Polonia	Puola
Venezuela	Venezuela

Países #2
Maat #2

Albania	Albania
Australia	Australia
Austria	Itävalta
Dinamarca	Tanska
Etiopía	Etiopia
Francia	Ranska
Grecia	Kreikka
Indonesia	Indonesia
Irlanda	Irlanti
Jamaica	Jamaika
Japón	Japani
Laos	Laos
México	Meksiko
Pakistán	Pakistan
Portugal	Portugali
Rusia	Venäjä
Siria	Syyria
Sudán	Sudan
Ucrania	Ukraina
Uganda	Uganda

Pájaros
Linnut

Avestruz	Strutsi
Águila	Kotka
Canario	Kanarifugl
Cigüeña	Haikara
Cisne	Joutsen
Cuco	Käki
Cuervo	Varis
Flamenco	Flamingo
Ganso	Hanhi
Gaviota	Lokki
Gorrión	Varpunen
Halcón	Haukka
Huevo	Muna
Loro	Papukaija
Paloma	Kyyhkynen
Pato	Ankka
Pelícano	Pelikaani
Pingüino	Pingviini
Pollo	Kana
Tucán	Toukaanin

Pesca
Kalastus

Agua	Vesi
Aletas	Evät
Barco	Vene
Branquias	Gjellene
Cebo	Syötti
Cesta	Kori
Cocinar	Kokki
Equipo	Laitteet
Exageración	Overdrivelse
Gancho	Koukku
Lago	Järvi
Mandíbula	Leuka
Océano	Valtameri
Paciencia	Tålmodighet
Peso	Paino
Playa	Ranta
Río	Joki
Temporada	Kausi

Plantas
Kasveja

Arbusto	Puska
Árbol	Puu
Bambú	Bambu
Baya	Marja
Bosque	Metsä
Botánica	Kasvitiede
Cactus	Kaktus
Fertilizante	Lannoite
Flor	Kukka
Flora	Kasvisto
Follaje	Lehtien
Frijol	Papu
Hiedra	Muratti
Hierba	Ruoho
Hoja	Puun Lehti
Jardín	Puutarha
Musgo	Sammal
Pétalo	Terälehti
Raíz	Juuri
Vegetación	Kasvillisuus

Profesiones #1
Ammatit nro 1

Abogado	Asianajaja
Atleta	Urheilija
Bailarín	Tanssija
Banquero	Pankkiiri
Bombero	Palomies
Cartógrafo	Kartografi
Cazador	Metsästäjä
Científico	Tiedemies
Doctor	Lääkäri
Editor	Redaktør
Enfermera	Hoitaja
Entrenador	Valmentaja
Fontanero	Putkimies
Geólogo	Geologi
Joyero	Kultaseppä
Marinero	Merimies
Músico	Muusikko
Pianista	Pianisti
Psicólogo	Psykologi
Veterinario	Eläinlääkäri

Profesiones #2
Ammatit #2

Agricultor	Viljelijä
Astronauta	Astronautti
Biólogo	Biologi
Cirujano	Kirurgi
Dentista	Hammaslääkäri
Detective	Etsivä
Editor	Kustantaja
Filósofo	Filosofi
Fotógrafo	Valokuvaaja
Ilustrador	Kuvittaja
Ingeniero	Insinööri
Inventor	Keksijä
Investigador	Tutkija
Jardinero	Puutarhuri
Médico	Lääkäri
Periodista	Toimittaja
Piloto	Pilotti
Pintor	Taidemaalari
Profesor	Opettaja
Químico	Kemisti

Química
Kemia

Alcalino	Emäksinen
Ácido	Happo
Calor	Lämpö
Carbono	Hiili
Catalizador	Katalysator
Cloro	Kloori
Electrón	Elektroni
Enzima	Entsyymi
Gas	Kaasu
Hidrógeno	Vety
Ion	Ioni
Líquido	Neste
Metales	Metallit
Molécula	Molekyyli
Nuclear	Ydin
Oxígeno	Happi
Peso	Paino
Reacción	Reaktio
Sal	Suola
Temperatura	Lämpötila

Restaurante #1
Ravintola nro 1

Alergia	Allergia
Café	Kahvi
Camarera	Tarjoilija
Carne	Liha
Cocina	Keittiö
Comer	Syödä
Comida	Ruoka
Cuchillo	Veitsi
Ingredientes	Aine
Menú	Valikko
Pan	Leipä
Picante	Mausteinen
Plato	Levy
Pollo	Kana
Postre	Jälkiruoka
Reserva	Varaus
Salsa	Kastike
Servilleta	Lautasliina
Tazón	Kulho

Restaurante #2
Ravintola nro 2

Agua	Vesi
Almuerzo	Lounas
Aperitivo	Alkupala
Bebida	Juoma
Camarero	Tarjoilija
Cena	Illallinen
Cuchara	Lusikka
Delicioso	Herkullinen
Ensalada	Salaatti
Especias	Mausteet
Fruta	Hedelmä
Hielo	Jään
Huevos	Munat
Pastel	Kakku
Pescado	Kala
Sal	Suola
Silla	Tuoli
Sopa	Suppe
Tenedor	Haarukka
Verduras	Vihannes

Ropa
Vaatteensa

Blusa	Pusero
Bufanda	Huivi
Calcetines	Sukat
Camisa	Paita
Chaqueta	Takki
Cinturón	Vyö
Collar	Kaulakoru
Delantal	Esiliina
Falda	Hame
Guantes	Käsineet
Joyas	Korut
Moda	Muoti
Pantalones	Housut
Pijama	Pyjama
Pulsera	Armbånd
Sandalias	Sandaalit
Sombrero	Hattu
Suéter	Villapaita
Vestido	Mekko
Zapato	Kenkä

Salud y Bienestar #1
Terveys ja Hyvinvointi #1

Activo	Aktiivinen
Altura	Korkeus
Bacterias	Bakteerit
Clínica	Klinikka
Doctor	Lääkäri
Farmacia	Apteekki
Fractura	Murtuma
Hambre	Nälkä
Hábito	Tottumus
Huesos	Luut
Medicina	Lääke
Músculos	Lihakset
Nervios	Hermot
Piel	Iho
Postura	Ryhti
Reflejo	Refleksi
Relajación	Rentoutuminen
Terapia	Terapia
Tratamiento	Hoito
Virus	Virus

Salud y Bienestar #2
Terveys ja Hyvinvointi #2

Alergia	Allergia
Anatomía	Anatomia
Apetito	Ruokahalu
Caloría	Kalori
Dieta	Ruokavalio
Digestión	Ruoansulatus
Energía	Energia
Enfermedad	Sairaus
Estrés	Stressi
Genética	Genetiikka
Higiene	Hygienia
Hospital	Sairaala
Infección	Infektio
Masaje	Hieronta
Nutrición	Ravitsemus
Peso	Paino
Recuperación	Elpyminen
Saludable	Terve
Sangre	Veri
Vitamina	Vitamiini

Suministros de Arte
Taide-Tarvikkeet

Aceite	Öljy
Acrílico	Akryyli
Acuarelas	Akvarellit
Agua	Vesi
Arcilla	Savi
Borrador	Pyyhekumi
Caballete	Maalausteline
Cámara	Kamera
Cepillos	Harjat
Colores	Väri
Creatividad	Luovuus
Ideas	Ideoita
Lápices	Kynä
Mesa	Pöytä
Papel	Paperi
Pegamento	Liima
Pinturas	Maalit
Silla	Tuoli
Tinta	Muste

Tecnología
Teknologia

Archivo	Tiedosto
Blog	Blogi
Bytes	Tavua
Cámara	Kamera
Cursor	Kursori
Datos	Tiedot
Digital	Digitaalinen
Estadísticas	Tilastot
Fuente	Fontti
Internet	Internet
Investigación	Tutkimus
Mensaje	Viesti
Navegador	Selain
Ordenador	Tietokone
Pantalla	Näyttö
Seguridad	Turvallisuus
Software	Ohjelmisto
Virtual	Virtuaalinen
Virus	Virus

Tiempo
Aika

Ahora	Nyt
Antes	Ennen
Año	Vuosi
Ayer	Eilen
Calendario	Kalenteri
Década	Vuosikymmen
Día	Päivä
Futuro	Tulevaisuus
Hora	Tunnin
Hoy	Tänään
Mañana	Aamu
Mediodía	Keskipäivä
Mes	Kuukausi
Minuto	Minuutti
Momento	Hetki
Noche	Yö
Reloj	Kello
Semana	Viikko
Siglo	Vuosisata
Temprano	Aikainen

Tipos de Cabello
Hiusten Tyypit

Blanco	Valkoinen
Brillante	Kiiltävä
Calvo	Kalju
Corto	Lyhyt
Delgada	Ohut
Gris	Harmaa
Grueso	Paksu
Largo	Pitkä
Marrón	Ruskea
Negro	Musta
Ondulado	Aaltoileva
Plata	Hopea
Rizado	Kihara
Rizos	Kiharat
Rubio	Vaalea
Saludable	Terve
Seco	Kuiva
Suave	Pehmeä
Trenzado	Punottu
Trenzas	Punos

Universo
Maailmankaikkeus

Asteroide	Asteroidi
Astronomía	Tähtitiede
Atmósfera	Ilmainen
Celestial	Taivaallinen
Cielo	Taivas
Cósmico	Kosminen
Ecuador	Päiväntasaaja
Eón	Eon
Galaxia	Galaksi
Hemisferio	Halvkule
Horizonte	Horisontti
Latitud	Leveysaste
Longitud	Pituusaste
Luna	Kuu
Oscuridad	Pimeys
Solar	Aurinko
Solsticio	Päivänseisaus
Telescopio	Kaukoputki
Visible	Näkyvä
Zodíaco	Zodiakki

Vacaciones #2
Loma #2

Aeropuerto	Lufthavn
Carpa	Teltta
Destino	Kohde
Extranjero	Ulkomaalainen
Fotos	Kuvat
Hotel	Hotelli
Isla	Saari
Mapa	Kartta
Mar	Meri
Ocio	Vapaa
Pasaporte	Passi
Playa	Ranta
Reservas	Varaukset
Restaurante	Ravintola
Taxi	Taksi
Transporte	Kuljetus
Tren	Kouluttaa
Vacaciones	Loma
Viaje	Matka
Visa	Viisumi

Vehículos
Ajoneuvot

Ambulancia	Ambulanssi
Autobús	Bussi
Avión	Lentokone
Balsa	Lautta
Barco	Vene
Bicicleta	Polkupyörä
Camión	Kuka
Coche	Auto
Cohete	Raketti
Furgoneta	Varebil
Helicóptero	Helikopteri
Lanzadera	Sukkula
Metro	Metro
Motor	Moottori
Neumáticos	Renkaat
Scooter	Scooter
Submarino	Sukellusvene
Taxi	Taksi
Tractor	Traktori
Tren	Kouluttaa

Verduras
Vihannekset

Ajo	Valkosipuli
Alcachofa	Artisokka
Apio	Selleri
Berenjena	Munakoiso
Brócoli	Parsakaali
Calabaza	Kurpitsa
Cebolla	Sipuli
Ensalada	Salaatti
Espinacas	Pinaatti
Guisante	Herne
Jengibre	Inkivääri
Nabo	Nauris
Oliva	Oliivi
Patata	Peruna
Pepino	Kurkku
Perejil	Persilja
Rábano	Retiisi
Seta	Sieni
Tomate	Tomaatti
Zanahoria	Porkkana

Enhorabuena

Lo has conseguido!

Esperamos que hayas disfrutado de este libro tanto como nosotros al diseñarlo. Nos esforzamos por crear libros de la máxima calidad posible.
Esta edición está diseñada para proporcionar un aprendizaje inteligente, de calidad y divertido!

¿Te ha gustado este libro?

Una Petición Sencilla

Estos libros existen gracias a las reseñas que se publican.
¿Podrías ayudarnos dejando una reseña ahora?
Aquí tienes un breve enlace a la página de reseñas

BestBooksActivity.com/Opiniones50

¡DESAFÍO FINAL!

Reto n°1

¿Estás listo para tu juego gratis? Los utilizamos siempre, pero no son tan fáciles de encontrar. ¡Aquí están los **Sinónimos**!

Escribe 5 palabras que hayas encontrado en los rompecabezas (#21, #36, #76) y trata de encontrar 2 sinónimos para cada palabra.

Escriba 5 palabras del *Puzzle 21*

Palabras	Sinónimo 1	Sinónimo 2

Escriba 5 palabras del *Puzzle 36*

Palabras	Sinónimo 1	Sinónimo 2

Escriba 5 palabras del *Puzzle 76*

Palabras	Sinónimo 1	Sinónimo 2

Reto n°2

Ahora que te has calentado, escribe 5 palabras que hayas encontrado en los Puzzles 9, 17 y 25 e intenta encontrar 2 antónimos para cada palabra. ¿Cuántos puedes encontrar en 20 minutos?

*Escriba 5 palabras del **Puzzle 9***

Palabras	Antónimo 1	Antónimo 2

*Escriba 5 palabras del **Puzzle 17***

Palabras	Antónimo 1	Antónimo 2

*Escriba 5 palabras del **Puzzle 25***

Palabras	Antónimo 1	Antónimo 2

Reto n°3

¡Genial! Este desafío final   no es nada para ti.

¿Preparado para el reto final? Elige 10 palabras que hayas descubierto en los diferentes rompecabezas y escríbelas a continuación.

1.	6.
2.	7.
3.	8.
4.	9.
5.	10.

Ahora escribe un texto pensando en una persona, un animal o un lugar que te guste.

Puedes usar la última página de este libro como borrador.

Tu Composición:

CUADERNO DE NOTAS :

HASTA PRONTO !

Todo el Equipo

DESCUBRA JUEGOS GRATIS

GO

↓

BESTACTIVITYBOOKS.COM/FREEGAMES

www.ingramcontent.com/pod-product-compliance
Lightning Source LLC
Chambersburg PA
CBHW082212120626
46553CB00010B/3117